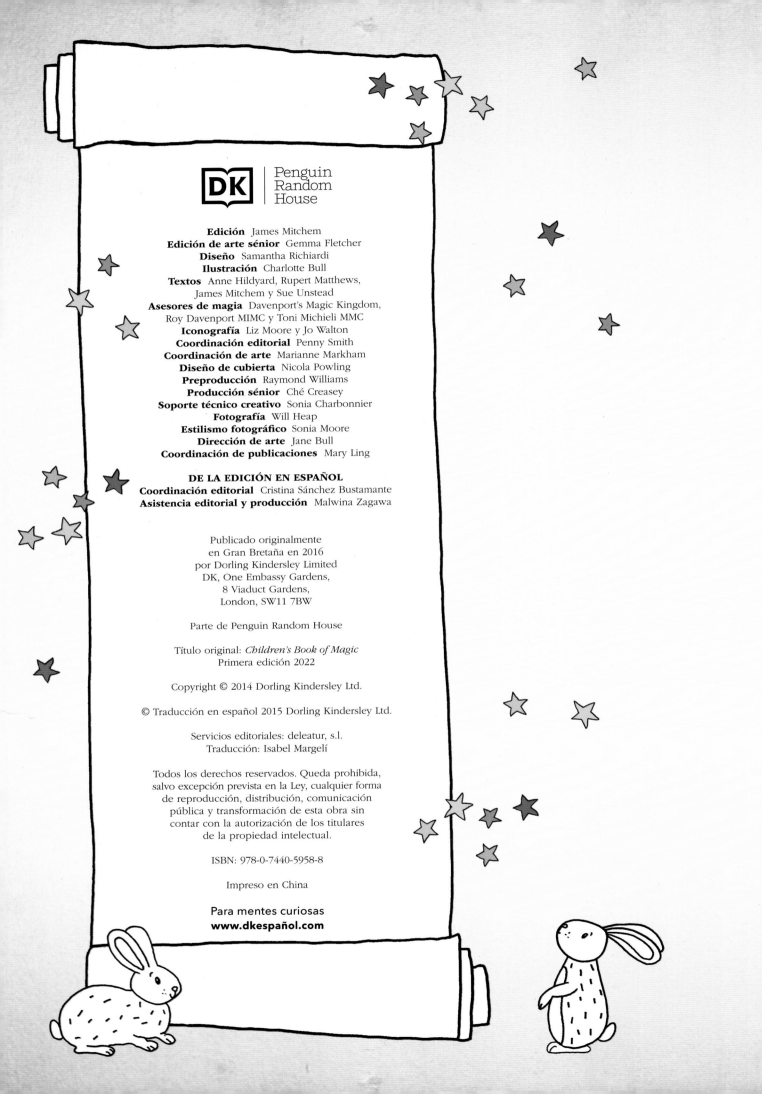

DK | Penguin Random House

Edición James Mitchem
Edición de arte sénior Gemma Fletcher
Diseño Samantha Richiardi
Ilustración Charlotte Bull
Textos Anne Hildyard, Rupert Matthews,
James Mitchem y Sue Unstead
Asesores de magia Davenport's Magic Kingdom,
Roy Davenport MIMC y Toni Michieli MMC
Iconografía Liz Moore y Jo Walton
Coordinación editorial Penny Smith
Coordinación de arte Marianne Markham
Diseño de cubierta Nicola Powling
Preproducción Raymond Williams
Producción sénior Ché Creasey
Soporte técnico creativo Sonia Charbonnier
Fotografía Will Heap
Estilismo fotográfico Sonia Moore
Dirección de arte Jane Bull
Coordinación de publicaciones Mary Ling

DE LA EDICIÓN EN ESPAÑOL
Coordinación editorial Cristina Sánchez Bustamante
Asistencia editorial y producción Malwina Zagawa

Publicado originalmente
en Gran Bretaña en 2016
por Dorling Kindersley Limited
DK, One Embassy Gardens,
8 Viaduct Gardens,
London, SW11 7BW

Parte de Penguin Random House

Título original: *Children's Book of Magic*
Primera edición 2022

ISBN: 978-0-7440-5958-8

Impreso en China

Para mentes curiosas
www.dkespañol.com

MAGIA
para niños

THURSTON
THE GREAT
MAGICIAN
THE WONDER SHOW OF THE UNIVERSE
EMPTY
MARVELOUS PRODUCTION
VANISHED

CONTENIDO

¿QUÉ ES LA MAGIA?

Hoy en día pensamos en la magia como el arte del ilusionismo, de hacer que lo imposible parezca posible y lo increíble, creíble. Sin embargo, no siempre no ha sido así. Lo cierto es que la idea de magia está presente desde hace miles de años, solo que ha tenido significados diferentes para cada cultura.

La magia siempre ha estado rodeada de **misterio**. Misterio que solía adoptar la forma de hechizos, rituales, brujas y magos, pero que hoy más bien nos asombra y nos divierte.

A través de estas páginas, disfrutarás de ese misterio aprendiendo **fantásticos trucos** para mostrárselos a amigos y parientes. Cuando las hayas recorrido, lograrás que los objetos aparezcan y desaparezcan, cambien y se desplacen, y será como si pudieras leer las mentes.

Pero eso no es todo: también conocerás la **historia de los mejores magos**, los secretos de la prestidigitación, el poder de la distracción y mucho más.

Con este libro, los jóvenes magos emprenderán un viaje que los llevará a convertirse en los **grandes magos del mañana**. Empieza a leer... ¡y a crear tu propio misterio!

LA MAGIA EN LA ANTIGÜEDAD

Los pueblos de la Antigüedad creían que la magia les ayudaba a predecir el futuro, aplacar a los dioses y lanzar maldiciones. Parte de esa magia pasaba por solicitar la ayuda de los dioses, mientras que otros hechizos actuaban por sí solos. El estudio de textos y objetos antiguos nos lo cuenta.

Libros sibilinos

Hacia 500 a.C., el rey romano Tarquinio compró tres **libros de profecías** a una sacerdotisa. Generaciones posteriores los consultaron cuando Roma se hallaba en peligro. Se usaron por última vez en 405 d.C.

Pinturas rupestres de Lascaux (Francia).

Magia de las cavernas

Los humanos que habitaron en Europa occidental hace unos 170 000 años pintaban en los muros de las cuevas los animales que cazaban. Puede que esas pinturas formaran parte de rituales mágicos cuyo fin era **aumentar la caza**.

Cráneo humano decorado con piedras azules y negras, a imagen de Tezcatlipoca.

Tezcatlipoca

Los antiguos aztecas adoraron a muchos dioses, entre ellos Tezcatlipoca, dios de la noche, el futuro, las tormentas y los jaguares. Para intentar ver el futuro, los sacerdotes **consumían alimentos rituales** frente a una estatua de Tezcatlipoca.

I Ching

El *I Ching* es un libro chino de 3000 años de antigüedad usado para **predecir el futuro** mediante sus textos sagrados. Cuando se busca la respuesta a una pregunta, se deben lanzar tres piezas seis veces y así se obtiene una cifra, que se consulta en el libro.

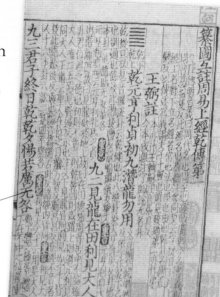

Página del libro del I Ching.

Batalla de las Termópilas

Los espartanos combatieron a los persas en la batalla de las Termópilas en 480 a.C. El adivino **Megistias** predijo la victoria dos días antes de la contienda. Sin embargo, al tercer día previó la derrota, y esa misma noche moría junto con los demás espartanos.

EL DATO

Los romanos escribían maldiciones en tabletas que luego arrojaban a ríos sagrados. Se han hallado varias de ellas en las aguas termales de Bath (Inglaterra), consagradas a la diosa Sulis-Minerva.

Libro de los Muertos

Los egipcios se enterraban con conjuros mágicos escritos en papiro e ilustrados con **imágenes de los dioses**. Los de este «Libro de los Muertos» servían a los difuntos para hablar con los dioses y asegurarse una buena existencia en el más allá.

MAGOS, HECHIZOS Y CONJUROS

En el pasado, magos y hechiceros afirmaban tener poderes especiales para predecir el futuro y comunicarse con los espíritus. Algunos utilizaban sus aptitudes para ayudar a las personas; otros, con fines egoístas o malvados. Muchos magos usan objetos como varitas, tambores o muñecos a fin de ayudarse en sus rituales.

Madre Shipton

Ursula Southell nació en una cueva de Yorkshire (Inglaterra) hacia 1488 y realizó muchas **profecías sobre el futuro**. Algunas se confirmaron, pero la más famosa, que fijaba el fin del mundo en el año 1881, afortunadamente no sucedió.

John Dee

Consejero de la reina Isabel I de Inglaterra, este matemático y astrónomo vivió entre 1527 y 1609. Como mago, aseguraba que podía **hablar con los espíritus**. Muchos historiadores le consideran el primer agente 007, nombre en clave del personaje de James Bond.

John Dee firmaba con dos círculos que representaban unos ojos secretos.

El vidente de Brahan predijo una gran calamidad si se alzaban cinco puentes sobre el río Ness. Un mes después de alzarse el quinto, estalló la Segunda Guerra Mundial.

El vidente de Brahan

Coinneach Odhar vivió en Brahan (Escocia) en el siglo XVII. Trabajaba a las órdenes del conde de Seaforth, **prediciendo el futuro** o contándole lo que sus amigos y enemigos estaban haciendo a muchos kilómetros de distancia.

Tambor sami utilizado por un chamán escandinavo.

Chamanes

El chamán entra en trance durante un ritual para contactar con espíritus, dioses o demonios. Existen aún en muchos lugares del mundo, y suelen usar tambores para comunicarse mejor con los espíritus.

Sangomas

Los sangomas del sur de África emplean hierbas, conjuros y **rituales** para sanar, localizar ganado perdido, adivinar el futuro y asistir en los partos. Desde 2007 están reconocidos por el Gobierno de Sudáfrica.

Merlín aconseja al rey Arturo en numerosas aventuras.

Magos en la literatura

Merlín, el mago que ayudaba al rey Arturo, aparece en los relatos medievales. En libros y películas más recientes vemos a magos como Harry Potter, Gandalf el Gris y el mago de Oz.

EL DATO

Los muñecos vudú, o grisgrís, se usan más para traer buena suerte que para dañar. Mediante alfileres, se les sujetan imágenes de medicamentos, alimentos o dinero con objeto de que estos beneficien a la persona real.

El rey Arturo recibió su espada mágica Excálibur de la misteriosa Dama del Lago.

LA ALQUIMIA

Tras examinar distintos materiales, objetos y productos
químicos, los alquimistas creyeron que los metales se
podían convertir en oro. Creían también que, con su labor,
alcanzarían poderes mágicos o la vida eterna. En todo caso,
realizaron importantes descubrimientos científicos.

Alejandría

En la ciudad de Alejandría (antiguo Egipto) se esconden los
orígenes de la alquimia. Fundada en 331 a.C., Alejandría se
convirtió en un famoso centro de aprendizaje y albergaba
la mayor biblioteca del mundo.

Jabir ibn Hayyan

Nacido hacia 722 d.C.,
Jabir ibn Hayyan pasó en
Irán gran parte de su vida.
Estudió **la destilación,
la cristalización y la
evaporación**. Se dice que
escribió más de tres mil
libros, aunque la mayor
parte la redactaron sus
discípulos.

*La magnífica biblioteca
de Alejandría contenía
importantes textos.*

*Muchos grandes
pensadores acudieron
a Alejandría para
estudiar alquimia.*

Roger Bacon

El monje inglés Roger Bacon dedicó muchos años a experimentar con materiales y productos químicos, y entre sus inventos más célebres destaca **la lupa**. La Iglesia no aprobaba su trabajo, por lo que estuvo encarcelado durante años.

Se atribuye a Roger Bacon el desarrollo de una forma temprana de la pólvora.

EL DATO

Los alquimistas creían que una sustancia mística llamada «la piedra filosofal» albergaba el secreto para convertir en oro metales como el plomo. También se la consideraba la clave para lograr la vida eterna.

Hermes Trismegisto

Según los antiguos griegos, la alquimia la inventó el dios **Hermes, el Tres Veces Grande**. También se le considera el inventor de la astrología, de la escritura y de la magia.

Muchas de las obras de Isaac Newton sobre la alquimia se perdieron a causa de un incendio.

Isaac Newton

Al gran científico inglés Isaac Newton se le conoce como el mayor matemático y científico de la historia. **Descubrió la gravedad,** entre otras muchas leyes del universo. También estudió alquimia, pero su familia guardó en secreto estos trabajos hasta que los cuadernos de Newton se publicaron en 1932.

Mohamed ibn Zakariya al-Razi

Este alquimista persa nació en 854 d.C. Trabajó como médico, pero dedicó mucho tiempo a la alquimia. Se le llegó a creer capaz de transformar el cobre en plata, y **el hierro en oro**. Escribió un libro sobre alquimia titulado *El secreto de todos los secretos*.

BRUJERÍA Y OCULTISMO

El ocultismo es el conocimiento de lo sobrenatural. Las brujas dicen crear sus hechizos utilizando fuerzas sobrenaturales. Algunas invocan a los dioses; otras aseguran poder controlar a los espíritus. Las brujas blancas tratan de ayudar a la gente con sus poderes, pero la magia negra pretende causar enfermedades y muerte.

Macbeth y las brujas

Cuenta la leyenda que Macbeth, señor de Glamis (Escocia), se topó con tres brujas que le anunciaron que iba a convertirse en rey de Escocia antes de morir en el campo de batalla. **Y todo ello se hizo realidad**. Lo cuenta Shakespeare en una obra de teatro.

El demonio

Para el cristianismo, el demonio es el enemigo de Dios y el **creador del mal**. Se creía que las brujas adoraban al demonio en ceremonias secretas. Hubo incluso quien vio la brujería como una religión organizada que se extendía por toda Europa.

¡A la hoguera!

En muchos países europeos, la práctica de la brujería **se castigó con la muerte**. Entre 1550 y 1680, unas 80 000 personas fueron ejecutadas acusadas de brujería, a menudo quemadas en la hoguera.

Los juicios de Salem

En 1692, dos chicas del pueblo de Salem (EE UU) sufrieron unos ataques que **se atribuyeron a la brujería**. Se detuvo a tres mujeres, pero las sospechas se propagaron y al final se ejecutó a veinte personas.

EL DATO

Los actuales disfraces de bruja, con sus largos vestidos negros y sus gorros puntiagudos y altos, se inspiran en la vestimenta de las viudas ancianas del siglo XVII.

Curanderos

En los siglos XVIII y XIX aparecieron muchos «curanderos» que sanaban enfermedades con **hierbas y pociones**. Recurrían a la hipnosis, amenazas y promesas a fin de convencer a la gente de sus poderes especiales, y estaban familiarizados con los textos ocultistas.

Wicca

La wicca es una religión originaria de Inglaterra y que actualmente se encuentra en numerosos países. Se la suele describir como magia buena y natural, y se la relaciona con la **brujería blanca**.

MISTICISMO

El misticismo es la búsqueda de una relación especial con una divinidad por medio del ritual o la plegaria. Algunos místicos afirman usar poderes especiales; para otros, es su cercanía con un dios lo que les hace más poderosos que los demás.

Misterios de Eleusis

En la ciudad de Eleusis (antigua Grecia) había un templo dedicado a Deméter, diosa de la cosecha. En él tenían lugar sucesos y rituales extraños y secretos, denominados «misterios». A ninguno de sus participantes **se le permitió revelar** lo que allí ocurría.

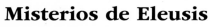

Cábala

Las enseñanzas de la cábala, que empezó como una rama de la religión judía, afirman que la Biblia y otros textos **ocultan significados** que solo se revelan tras profundos estudios secretos.

Sadhu

Los *sadhu* son hombres santos de la religión hindú. Abandonan todas sus posesiones para buscar la pureza y el modo de **servir a los dioses**. A las mujeres santas se las llama *sadhvi*.

Nirvana

En el budismo, el nirvana es el estado de pureza que alcanza la persona santa capaz de abandonar los deseos, los temores y las desilusiones. Dichas personas logran **la paz interior y la paz con Dios**.

Mitraísmo

Los adoradores romanos del dios Mitra se reunían en templos subterráneos, consumían alimentos rituales e intercambiaban un saludo secreto. Mitra les prometía **la vida eterna**.

Teología mística

El misticismo cristiano busca el contacto con Dios por medio de la plegaria prolongada o **del trance**. En el siglo XVI, Santa Teresa de Ávila experimentó profundas visiones teológicas mientras se hallaba en trance.

Pensamiento New Age

Desde la década de 1950 se desarrolló **el concepto de New Age**, inspirado en la astrología, la alquimia y aspectos del hinduismo y el budismo. Buscaba la paz, la serenidad y la unión con la naturaleza.

EL DATO

La ciudad inglesa de Glastonbury se convirtió en un centro del misticismo New Age por su vínculo con el rey Arturo y el mago Merlín.

LA MAGIA EN ESCENA

Hasta la década de 1800, mucha gente siguió considerando la magia como algo sobrenatural. Esa concepción cambió cuando los espectáculos de magia se popularizaron. Por primera vez, un público amplio tenía acceso a los misterios del ilusionismo y llenaba los teatros en busca de diversión.

EL DATO

Durante el siglo XX, la magia se volvió aún más popular gracias a la televisión. Pero no hubiera sido así sin el talento y la labor de los magos de teatro que les precedieron.

Humo y espejos

Los magos escénicos eran especialistas en **idear artificios para engañar al público**, para lo que a menudo recurrían a elementos como el humo y los espejos. El mago John Henry Pepper diseñó un escenario especial con un vidrio escondido que, junto con un complicado juego de luces, hacía aparecer una figura fantasmagórica.

Una hoja de vidrio inclinada proyectaba la imagen de un fantasma.

El «fantasma» se ocultaba bajo el escenario.

El padre de la magia moderna

Jean Eugène Robert-Houdin fue uno de los primeros magos en realizar sus trucos ante un gran público. Algunos de los que inventó **hace más de 150 años** eran tan avanzados que aún hoy siguen representándose. Por eso se le conoce como «el padre de la magia moderna».

Encandiladores

Al subir al escenario, los magos accedieron a un nuevo abanico de recursos, como los escotillones o los espejos. Esto dio alas a su creatividad. Los espectáculos se hicieron famosos y se les fueron añadiendo **trajes, música, animales y artefactos**. La magia gustaba tanto que los magos actuaban por todo el mundo y las entradas se agotaban.

Viva Las Vegas

La magia escénica continúa siendo muy popular. Magos como Penn y Teller, Criss Angel, Lance Burton o David Copperfield siempre llenan sus espectáculos en Las Vegas (EE UU), una ciudad con muchísimos casinos de **luces brillantes y enormes escenarios**: el lugar perfecto para los turistas con ganas de pasar un buen rato.

Los magos escénicos deslumbraban a las multitudes con su enorme despliegue de artefactos.

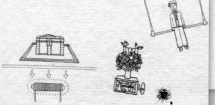

Jean Eugène Robert-Houdin

1805-1871

«Un mago es un actor que interpreta el papel de mago.»

Robert-Houdin, considerado el padre de la magia moderna, comprendió la importancia de «montar un buen espectáculo». A diferencia de los magos anteriores, que aparecían disfrazados de brujos con capas y túnicas, Robert-Houdin se ponía un traje elegante, al igual que hacen muchos magos actuales. También fue un pionero al aprovechar los recientes descubrimientos de la electricidad y otros hallazgos científicos.

La palabra «prestidigitación» fue inventada por Houdin para referirse a los juegos de manos.

El teatro de la magia

Robert-Houdin adquirió un elegante teatro de París para sus fabulosos espectáculos. Además de increíbles trucos de magia, mostraba **autómatas** (primitivos robots mecánicos) y muñecos de cuerda que hacían las delicias del público. Llegó a ser tan famoso, que incluso el rey de Francia fue a verle.

Clarividencia

El hijo de Robert-Houdin, Emile, también tenía dotes de mago. Juntos realizaban un número en el que este parecía **leer las mentes**. Robert-Houdin le mostraba objetos al público y Emil, con los ojos vendados, identificaba y describía cada uno de ellos.

Juntos idearon un complicado código con miles de palabras y frases.

Emil era capaz de identificar más de cien objetos distintos con los ojos vendados.

Etérea suspensión

A Robert-Houdin, maestro relojero, le fascinaban los objetos mecánicos y su funcionamiento interno. Pero también poseía una **mentalidad científica**. Usó su conocimiento del gas éter, descubierto hacía poco, para hacer creer al público que podía hacer flotar un cuerpo en el aire.

EL DATO

Uno de los números de Robert-Houdin era el del «naranjo maravilloso»: hacía aparecer un naranjo que, por arte de magia, florecía y daba frutos. Luego repartía las naranjas entre el público.

EFECTOS MÁGICOS

Existen tantos trucos de magia e ilusionismo, que los principiantes se pueden sentir un poco abrumados. Sin embargo, todos son una variante de alguno de los siguientes efectos:

1 **Materialización:** significa hacer que aparezca algo, cualquier cosa: ¡incluso una persona!

4 **Predicción y adivinación:** trucos donde el mago anticipa el desenlace de un suceso.

3 **Levitación:** desafía a la gravedad, ya que consiste en hacer que algo o alguien flote como si volara. Hay una variante llamada **suspensión**.

2 **Desaparición:** es lo contrario de la materialización. Consiste en hacer que algo o alguien desaparezca.

EL DATO

El número exacto de trucos de magia es una fuente de disputa entre magos. Algunos afirman que hay muchos más, mientras que otros prefieren una clasificación sencilla. En cualquier caso, los mejores magos combinan diferentes trucos en sus espectáculos.

5 Transformación: consiste en convertir una cosa en otra. El resultado puede ser impresionante.

7 Escapismo: consiste en que el mago se deje encerrar o sujetar por algún artefacto para luego liberarse.

TRANSFORMACIÓN 5

RESTITUCIÓN 6

ESCAPISMO 7

TELETRANSPORTACIÓN 8

6 Restitución: cuando un mago devuelve a su estado original un objeto que se había roto.

8 Teletransportación (o transferencia): hacer que algo se desplace a otro lugar como por arte de magia.

MATERIALIZACIÓN

Un efecto muy común es el de hacer que aparezcan objetos o personas. Ejemplos sencillos son los de una moneda o un ramo de flores que surgen de la nada. Pero existen trucos más complicados, con objetos muy grandes o incluso el propio mago que sale de no se sabe dónde.

EL DATO

Según asegura la mayoría de magos, el escocés John Henry Anderson fue el primer mago en presentar este truco.

El conejo y la chistera

Sacar un conejo de una chistera es quizá el truco de magia más famoso de todos los tiempos, ejemplo perfecto de materialización.

Los magos de hoy pueden usar un ramo de flores en vez de un conejo.

Se esconde el conejo bajo una mesa con un compartimento secreto. La chistera también tiene una abertura secreta.

El mago sitúa sobre el compartimento la chistera e introduce la mano por las dos aberturas para extraer el conejo.

Mucha gente considera que utilizar animales para hacer magia resulta cruel, por lo que este truco no es tan popular como antes.

Por qué funciona

Como ocurre con los buenos trucos, **el público no dispone de toda la información**. En este caso, desconoce el compartimento debajo de la mesa, la abertura de la chistera y que el conejo está allí desde el principio. ¡Tendrá la sensación de que el conejo ha aparecido dentro del sombrero!

John Henry Anderson.

DESAPARICIÓN

El mago Howard Thurston era famoso por hacer desaparecer en sus espectáculos objetos tan grandes como un coche.

La desaparición es lo opuesto a la materialización, ya que el mago hace desaparecer un objeto o persona. A veces se trata de un número de materialización realizado al revés, aunque también pueden ser más complicados y elaborados.

El torniquete

Para hacer desaparecer objetos grandes, se suelen precisar complicados juegos de espejos y compartimentos ocultos. Sin embargo, los magos pueden hacer desaparecer cosas más pequeñas mediante **juegos de manos**; una de las técnicas más famosas es la del torniquete.

EL DATO

En 1983, el famoso mago estadounidense David Copperfield hizo desaparecer la Estatua de la Libertad de Nueva York (EE UU) ante su público.

1 Con una mano, sostén la moneda horizontalmente entre el pulgar y dos dedos.

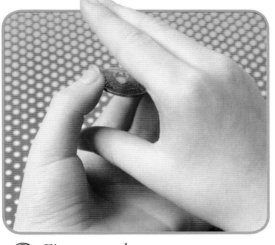

2 Finge que la coges con el pulgar y los primeros dedos de la otra mano.

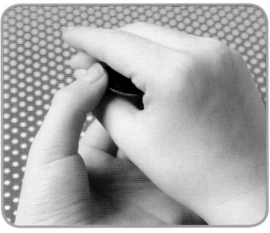

3 Afloja un poco la moneda, de modo que esta caiga en la palma de la primera mano.

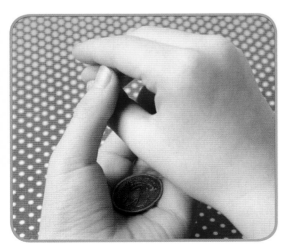

4 Cierra la segunda mano y retírala, para que parezca que se lleva la moneda consigo.

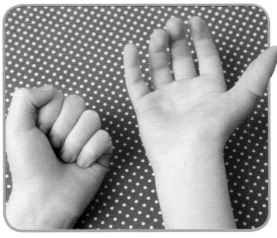

5 Abre la mano. Será como si la moneda hubiera desaparecido, pero sigue en la primera mano.

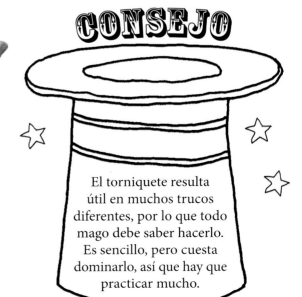

CONSEJO

El torniquete resulta útil en muchos trucos diferentes, por lo que todo mago debe saber hacerlo. Es sencillo, pero cuesta dominarlo, así que hay que practicar mucho.

LEVITACIÓN

Una de las cosas más increíbles que puede hacer un mago es desafiar la gravedad. Con la levitación y la suspensión, hacen como si objetos o personas flotaran o volasen; suele ser el ayudante, pero también puede ser el mago.

Levitación extrema

El mago estadounidense **Harry Kellar** se hizo famoso por un número espectacular en el que hacía que su ayudante se elevara, flotara… ¡y se desvaneciera por completo!

El famosísimo truco de Kellar se llamaba «La levitación de la princesa Karna».

PREDICCIÓN

Cuando un mago acierta en el desenlace de un hecho, se dice que realiza una predicción. Aunque se parece a la adivinación, en la predicción el mago debe conocer el desenlace antes de que suceda. Para ello, utiliza astutas técnicas.

Elige una carta cualquiera

La predicción y la adivinación son habituales en los trucos de cartas. Los magos cuentan con la ventaja de la prestidigitación o la preparación para «obligar» a miembros del público a elegir la carta que el mago desee.

La carta flotante

Los trucos de levitación pueden ser muy complicados, pues suelen exigir numerosos accesorios y preparación. Aquí mostramos uno bastante sencillo, que permite crear la ilusión de que una carta flota en el aire.

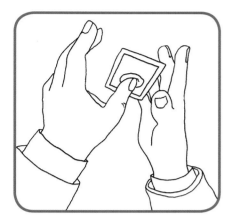

1 Ponte un trocito de masilla adhesiva en la punta de un pulgar, y apriétalo contra el dorso de una carta para que la masilla se pegue a ella.

2 Sostén la carta entre tus manos como en la imagen. Si mueves los dedos y las manos, parecerá que la carta esté flotando.

La cuerda india

Se considera que esta famosa suspensión se realiza en India desde hace siglos. Se lanza una cuerda al aire y esta se queda ahí quieta, **suspendida de la nada**. Luego una persona trepa por ella antes de que la cuerda se venga abajo. ¡A pesar de todo, se sabe que este número es un embuste!

«El Gran Karachi» es el mago al que más se relaciona con el célebre truco.

Leer la mente

Gracias a la predicción, parece que un mago tenga el poder de **leer las mentes o de ver el futuro**. Para lograrlo, el mago y mentalista británico Derren Brown recurre a una mezcla de sugestión, distracción, psicología y un don natural para el espectáculo.

Derren Brown consigue grandes proezas mentales, tanto en el escenario como en televisión.

El mago de EE UU Claude Alexander era todo un experto en el arte de leer la mente.

Bolas de cristal

Las bolas de cristal se han utilizado durante cientos de años para **predecir el futuro**. Quizá se remonten al antiguo Egipto o a los mayas.

TRANSFORMACIÓN

Cuando un mago pretende cambiar una cosa por otra, al efecto se llama transformación. Las posibilidades son casi infinitas: puede tratarse de una carta que cambia de palo, un pañuelo que cambia de color, ¡o hasta un animal que se convierte en persona!

Hielo instantáneo

Este sencillo truco es un ejemplo perfecto de transformación, fácil de hacer en casa. El mago vierte agua en un vaso y, cuando lo vuelca, demuestra que el agua se ha convertido en hielo al instante.

Necesitarás
- Tijeras
- Esponja pequeña
- Vaso de papel
- Cubitos de hielo
- Jarra con agua

1 Antes de empezar, sitúa una esponja en el fondo del vaso, de modo que quede bien ajustada. Pídele a un adulto que la recorte si es necesario.

2 Coloca unos cubitos de hielo encima de la esponja. Puedes empezar con el truco cuando quieras; no tardes demasiado, o el hielo se fundirá.

3 Pon el vaso encima de una mesa y vierte un poco de agua dentro. La esponja la absorberá y la retendrá en el interior del vaso.

4 Vuelca el vaso en la mesa: en lugar de salir el agua, saldrá el hielo. Por último, estruja el vaso y tíralo.

EL DATO

Las esponjas tienen diferentes capacidades de absorción. Prueba con la esponja que hayas usado para averiguar cuánta agua puede absorber sin derramar nada.

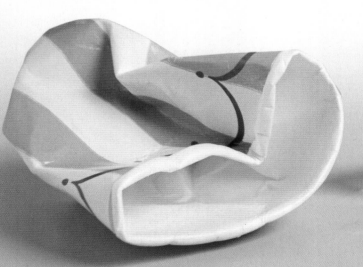

RESTITUCIÓN

En los trucos de restitución, el mago usa un objeto roto (o bien rompe algo) para devolverlo a su estado original. Por ejemplo, parte una cuerda en dos y luego hace que los dos trozos vuelvan a estar unidos.

EL DATO

Horace Goldin fue el primero el ofrecer este truco en 1921. Hoy ya no se usa porque mucha gente conoce el secreto, así que los magos ofrecen versiones diferentes para mantener al público en vilo.

Serrar a alguien por la mitad

Uno de los números más famosos del mundo es el de **serrar a alguien por la mitad**. Dicho truco requiere un equipo especial, una coordinación precisa y dos ayudantes. No debe intentarlo nadie que no sea un profesional.

La ilusión

Un ayudante del mago se introduce en una caja grande, con la cabeza y los pies asomando por ambos extremos. El mago atraviesa la parte central de la caja con ayuda de una sierra y la divide en dos. Por último, vuelve a juntar las partes de la caja y el ayudante sale ileso.

El secreto

En realidad, hay **dos ayudantes** desde el principio. Antes de subir la caja al escenario, uno de ellos se acurruca escondido en la mitad inferior. Cuando el otro ayudante se mete en la caja, se encoge para ocupar solo la mitad de arriba. Al mismo tiempo, el ayudante de abajo saca los pies. Si están bien coordinados, parece que haya una sola persona en el interior de la caja.

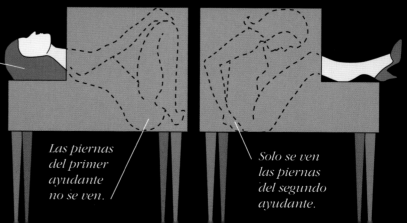

Un ayudante se mete en la parte de arriba.

Las piernas del primer ayudante no se ven.

Solo se ven las piernas del segundo ayudante.

Harry Houdini realizaba muchos escapismos mortales ante el público.

ESCAPISMO

Se distingue de los demás números de magia en que la habilidad del mago se muestra a la vista de todos. En el escapismo, este se deja inmovilizar por distintos elementos como esposas, cuerdas o una camisa de fuerza. Una vez sujeto, intentará escapar en el menor tiempo posible.

¡Escabúllete!

Los escapistas utilizan varios recursos; los más comunes son ganzúas, nudos falsos o llaves ocultas. Pero también deben ser **muy hábiles**; necesitan mucha fuerza, flexibilidad… ¡y valentía!

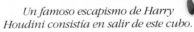

Un famoso escapismo de Harry Houdini consistía en salir de este cubo.

Camisa de fuerza.

TELETRANSPORTACIÓN

La teletransportación consiste en desplazar un objeto de un lugar a otro de un modo que parece imposible. Un ejemplo que quizá conozcáis es cuando el mago le muestra una carta al público y la vuelve a mezclar con la baraja, pero la carta aparece en otro lugar.

Cosas que se mueven

Los objetos no son lo único que un mago es capaz de teletransportar. El estadounidense David Copperfield se **teletransportó a sí mismo** y a un miembro del público desde el escenario hasta una playa situada a miles de kilómetros.

Cartas al vuelo

Howard Thurston ideó un célebre número en el que varias cartas elegidas por el público se alzaban como por arte de magia saliéndose de la baraja.

Howard Thurston se hacía llamar «El rey de las cartas».

Los magos mueven con facilidad objetos pequeños, como monedas o cartas.

Liberarse de las ataduras

Quizá no impresione tanto como los escapismos del gran Harry Houdini, pero con solo dos trozos de cuerda puedes dejar a tus amigos boquiabiertos.

 1 Átate a las muñecas los dos extremos de una cuerda. Pídele a tu amigo que haga lo mismo, tras cruzar tu cuerda con la suya.

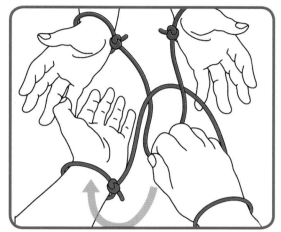

2 Tira de la cuerda de tu amigo y pásala por la lazada de tu muñeca izquierda, como indica el dibujo.

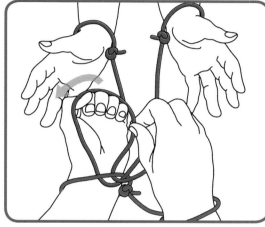

3 Dobla los dedos de la mano izquierda y pásalos por la lazada de la cuerda de tu amigo. Abre la mano.

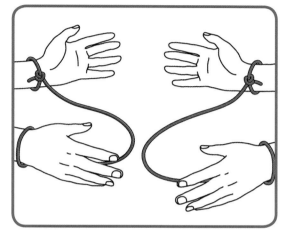

4 Solo tienes que apartar las manos para liberarte. Reta a tu amigo a averiguar cómo lo has hecho.

Vasos y bolas

Uno de los trucos de teletransportación más conocidos es, sin duda, el de las bolas y los vasos. También es uno de los primeros que se aprenden. En la antigua Roma, **unos magos llamados _acetabulari_** los hacían similares. Hoy existen muchas variantes y, si bien el efecto principal es la teletransportación, hay quien considera este truco una mezcla de teletransportación, desaparición, materialización y transformación.

Los ilusionistas callejeros realizan desde hace siglos este tipo de trucos.

EL DATO

«Transposición» es cuando se teletransportan a la vez dos o más objetos que intercambian su posición.

HACER MAGIA

Este libro contiene más de veinte trucos, que puedes dominar. Como todos son divertidos, resulta tentador lanzarte a hacerlos de golpe. Sin embargo, antes de comenzar hay unas cuantas cosas que debes saber.

PREPARACIÓN

Casi todos los trucos requieren un poco de preparación. Quizá tengas que apuntarte una predicción, ordenar de cierta manera una baraja de cartas o fabricar algo. Pero no te preocupes: te explicaremos paso a paso lo que debes hacer. Solo tienes que acordarte antes de empezar.

AYUDANTES

Aunque la mayoría de trucos son sencillos, hay alguno que exige la ayuda de un adulto. Puesto que este adulto conocerá el secreto de tu truco, no se lo podrás hacer a él. Sin embargo, puedes practicar con él, así que considérale tu ayudante particular.

DIFICULTAD

Media

Cada truco tiene una puntuación de una a tres estrellas, para que sepas si es más o menos fácil. No te eches atrás ante los más difíciles: cada persona es distinta, y hay quien puede encontrar ciertos trucos más sencillos que otros. Recuerda que siempre puedes contar con tu ayudante…

PRÁCTICA

Antes de probar un truco delante del público, tendrás que haberlo practicado. Lo puedes hacer solo o con un ayudante, pero es importante que no te saltes este paso. Si un truco te sale mal y tu público se da cuenta de cómo se hace, ya no tendrás otra oportunidad.

CONSEJO

Si vas a realizar varios trucos seguidos, mejor que empieces por el más fácil; esto te ayudará a ganar confianza en ti mismo.

LABIA

A los magos les encanta representar un espectáculo, y siempre les oirás hablar durante sus trucos. Es lo que se conoce como labia, y es una manera de contar la historia del truco. Cada mago tiene su estilo: unos hacen preguntas, otros cuentan chistes… Tú decides cuál te funciona mejor a ti.

SE ESFUMA LA MONEDA

Fácil

El secreto de este truco es que la moneda no llega a moverse... pero el público creerá que sí, porque ya no la puede ver.

Este sencillo truco sorprenderá incluso al público más exigente. Nadie podrá creer lo que está viendo cuando hagas **DESAPARECER** la moneda delante de sus ojos.

NECESITARÁS

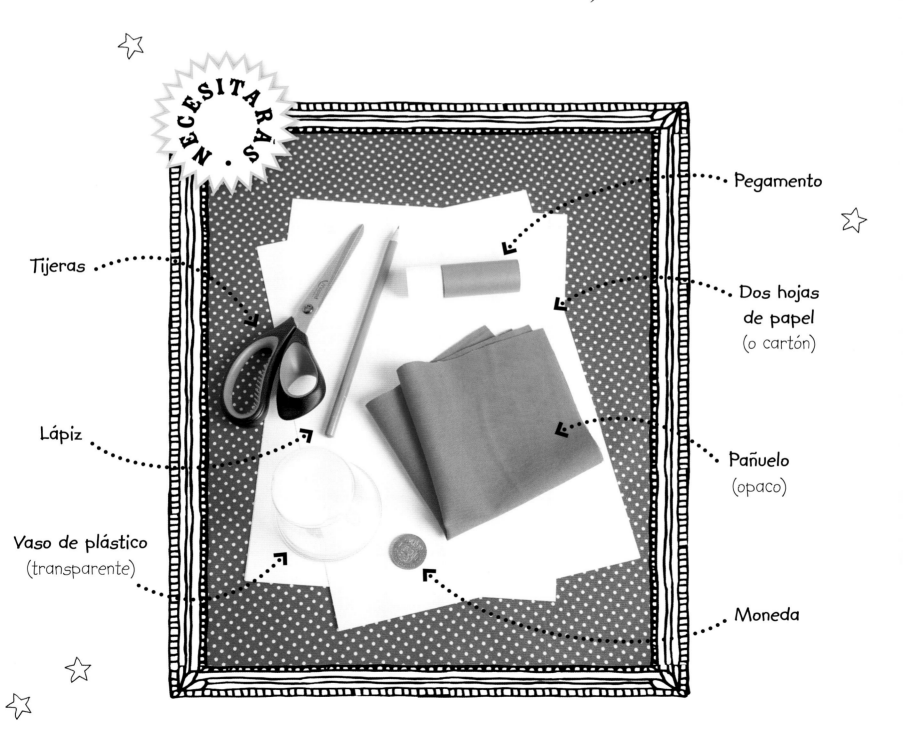

Tijeras

Lápiz

Vaso de plástico
(transparente)

Pegamento

Dos hojas
de papel
(o cartón)

Pañuelo
(opaco)

Moneda

PREPARACIÓN

1 Coloca el vaso de plástico bocabajo sobre una de las hojas de papel. Repasa el borde y pídele a un adulto que recorte el círculo resultante.

2 Pega el círculo de papel al borde del vaso y pídele a un adulto que recorte lo que sobre. Tira el resto de esta primera hoja de papel.

3 Coloca el vaso bocabajo en el centro de la segunda hoja de papel, al lado del pañuelo y de la moneda.

4 Este es el punto de partida. Puesto que el vaso está encima del papel, el público no podrá ver el círculo oculto que lleva pegado.

ACTUACIÓN

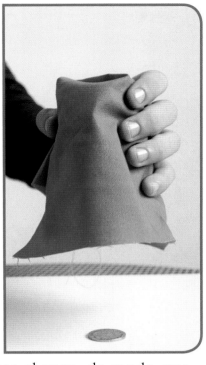

1 Coloca el pañuelo sobre el vaso, de modo que lo cubra. Levanta el vaso y el pañuelo a la vez y colócalos sobre el papel, encima de la moneda.

2 Sin mover el vaso, levanta el pañuelo. Parecerá que la moneda haya desaparecido, aunque en realidad se esconde debajo del círculo de papel.

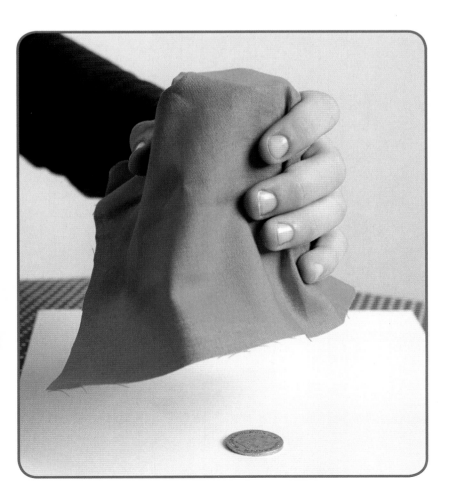

3 Para recuperar la moneda, vuelve a poner el pañuelo sobre el vaso y agita las manos. Luego levanta el vaso junto con el pañuelo y la moneda «reaparecerá» allí donde ha estado todo el tiempo.

CONSEJO

Puedes hacerlo todavía más impresionante si le pides a un voluntario que te preste la moneda; así verá que no está trucada. Solo tienes que asegurarte de dejarla sobre el papel.

CALOR HUMANO

Media

¿Alguna vez has querido convencer a la gente de que tienes el poder de leer la mente? Este truco utiliza la adivinación, muy parecida a la **PREDICCIÓN**, para ayudarte a hacerlo.

Necesitarás
- Monedas variadas
- Bolsa o saco pequeño
- Frigorífico o congelador

PREPARACIÓN

Mete las monedas unos diez minutos en el frigorífico o dos en el congelador. Necesitas que estén frías, pero no tanto como para que sea evidente. Cuando las monedas ya estén lo bastante frías, introdúcelas en la bolsa.

Usa monedas de formas, tamaños y colores diferentes.

EL DATO

En un truco similar, un mago tiene que adivinar qué mano está levantando un voluntario que tiene a su espalda. Alzar así la mano hace que baje la sangre, lo que le da más ligereza. Esto permite saber al mago qué mano ha estado levantada.

ACTUACIÓN

 Dile al público que tienes el poder de leer la mente. Cierra los ojos y pídele a un voluntario que elija una moneda de la bolsa.

 Dile a tu voluntario que apriete bien la moneda y piense en algún detalle característico, como su color, su forma o el año en que se hizo.

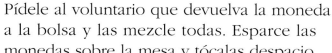 Pídele al voluntario que devuelva la moneda a la bolsa y las mezcle todas. Esparce las monedas sobre la mesa y tócalas despacio, una por una, como si te concentraras.

 La mano de tu voluntario habrá calentado un poco la moneda. Toca cada una hasta que encuentres la más cálida y, por lo tanto, la moneda elegida.

MONEDA VOLANTE

No necesitas que los trucos sean complicados para causar impresión. Esta **TELETRANSPORTACIÓN** es un ejemplo de cómo crear magia siendo más veloz de lo que el ojo puede captar.

Difícil

Necesitarás
- Moneda
- Superficie blanda, como un mantel

EL DATO

El mago estadounidense Nelson Downs se especializó en la manipulación de monedas, y sus actuaciones resultaban sensacionales. Algunos le llamaban «El rey de las monedas».

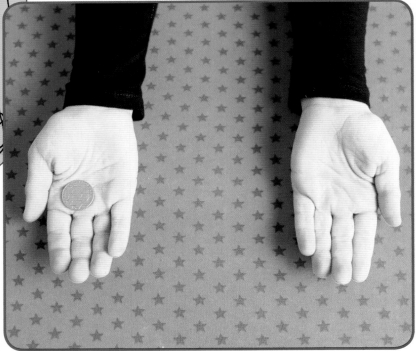

1 Muestra las palmas de ambas manos sobre una superficie blanda. Ponte una moneda en una de ellas, cerca de los dedos pulgar e índice.

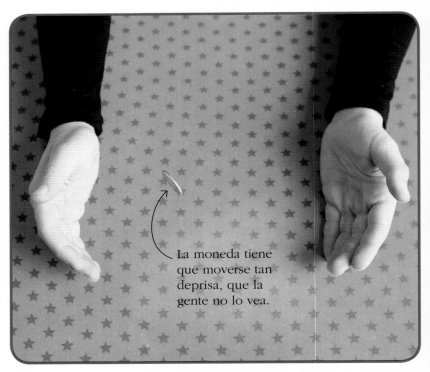

La moneda tiene que moverse tan deprisa, que la gente no lo vea.

2 Rápidamente, gira ambas manos de tal modo que la moneda pase de una a otra. Tienes que ser muy rápido, así que necesitarás practicar.

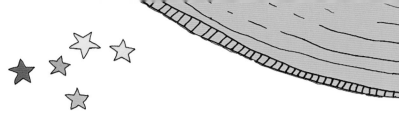

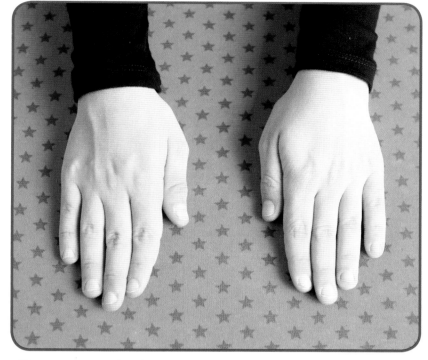

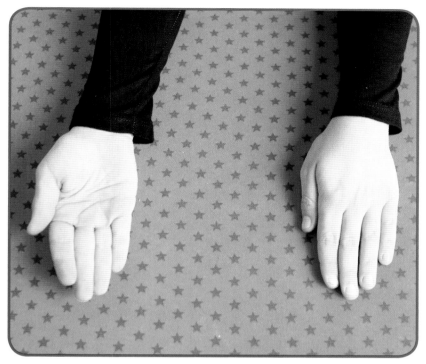

 La moneda debería haber caído en tu otra palma mientras esta se giraba, y quedar así bajo ella. La superficie blanda sirve para disimular el ruido.

4 Pregúntale al público bajo qué mano está la moneda; dirán que en la mano original. Gírala para mostrar que la moneda ha desaparecido.

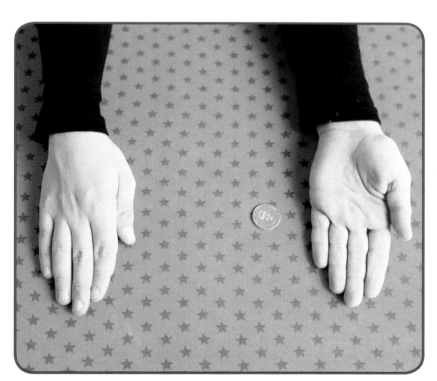

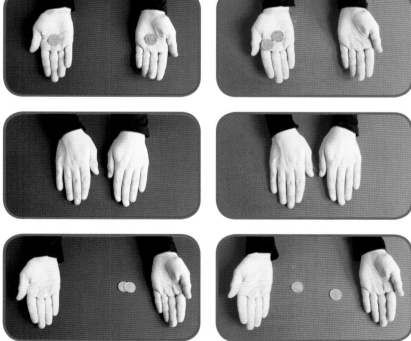

 Di algo del tipo: «No sé adónde habrá ido», y gira la otra mano para enseñar que la moneda no había desaparecido: ¡se ha teletransportado!

 Cuando domines la técnica, la puedes utilizar de formas diferentes. Prueba este truco con una moneda en cada mano o dos en una sola; verás los distintos resultados.

MANIPULAR LA BARAJA

Mediante una buena técnica en la fase de preparación, el mago puede forzar el desenlace de un acontecimiento. Esta es la clave de muchos trucos cuyo efecto deseado es la **PREDICCIÓN**.

Fácil

PREPARACIÓN

No es un truco complicado, pero exige que dispongas las cartas de tal modo que lo tengas todo a tu favor. En magia, a esto se le llama «manipular la baraja». Para este truco, tienes que tomar 11 naipes y colocarlos en el orden siguiente en la parte superior de la baraja:

6, 5, 4, 3, 2, As, _Joker_, 10, 9, 8, 7

Da igual los palos que elijas, solo debes asegurarte de combinarlos.

Necesitarás
• Baraja de naipes

ACTUACIÓN

Toma la baraja manipulada y pon en fila las 11 primeras cartas, bocabajo, de izquierda a derecha.

2 Sitúate de espaldas al público y pídele a un voluntario que pase algunos naipes de la derecha a la izquierda de la fila (suponiendo que estén mirando al contrario de ti). Puede mover todos los que quiera, pero tan solo de uno en uno. Pídele que recuerde cuántos ha movido.

3 Date la vuelta y observa de arriba abajo la fila de cartas. Si quieres, toca alguna de ellas y mira al voluntario como si te estuvieras esforzando mucho por averiguar algo.

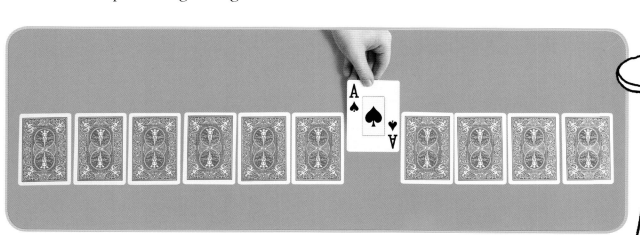

CONSEJO

No dejes los naipes en la mesa antes de empezar. Sácate la baraja del bolsillo como si tal cosa, para que el público no sospeche nada.

4 Pon bocarriba la séptima carta empezando por la izquierda. Dile al voluntario que la carta corresponde al número de cartas que ha movido. Si es el As, habrá movido una sola carta; si es el *Joker*, no habrá movido ninguna.

EL ARSENAL DEL MAGO

La magia es algo más que aprenderse unos cuantos trucos básicos. Se requiere tiempo y práctica para ser un buen ilusionista y dominar ciertas habilidades, como la prestidigitación, la distracción o la discreción, entre otras. Y todas las encontrarás en este libro.

EQUIPO

Los magos utilizan muchos accesorios y herramientas diferentes. Desde naipes y monedas hasta cuerdas y anillas: el buen ilusionista las conoce todas.

INDUMENTARIA

El aspecto de un mago durante la representación es muy importante. Su indumentaria debe llamar la atención, pero no solo es una cuestión de vestuario.

DISTRACCIÓN

Para realizar ciertos trucos, los magos deben saber distraer y desconcertar a su público. Muchas veces, se es un buen maestro gracias a esta habilidad.

PRESTI-DIGITACIÓN

Contar con una serie de gestos hábiles permite al mago hacer cosas que el público no ve. Es una técnica básica que todo ilusionista debe conocer.

HABILIDADES OCULTAS

Puede que las habilidades más importantes que precisa un mago sean las que no se ven. Todo ello exige paciencia, confianza y creatividad.

DISCRECIÓN

La capacidad de guardar los secretos mágicos es esencial para proteger el gran misterio de la magia. No siempre es fácil hacerlo, pero es muy importante.

DISCRECIÓN ESENCIAL

Si todo el mundo supiera cómo se realiza un truco de magia, ya no habría misterio y el número perdería su interés. El secreto del truco es casi tan importante como su ejecución. Por esta razón, saberlo guardar es muy importante para los magos.

Puede resultar tentador revelar cómo se hacen los trucos, pero si te preguntan, tú responde: «¡Es magia!».

El código del mago

Cuando los magos alcanzan un cierto nivel, muchos deciden ayudar a proteger, a ojos de los demás, el misterio que se esconde tras los trucos.

Los magos acuerdan **no revelar los secretos mágicos**: si lo hicieran, no solo les estropearían los números a los demás ilusionistas, sino que estos también perderían toda su gracia para el público. Además, los magos nunca ofrecen su actuación hasta que han practicado mucho, ni le hacen un truco más de una vez a una misma persona.

El cuento de Chung Ling Soo

El mago Chung Ling Soo se tomaba muy en serio lo de la discreción. Nació en Nueva York como William Robinson, pero se pasó toda su carrera **fingiendo ser un mago chino**. En sus espectáculos no hablaba nunca y solo unas pocas personas conocían la verdad.

Secreto desvelado

La verdadera identidad de Chung Ling Soo quedó al descubierto cuando un peligroso truco salió mal durante un espectáculo suyo y gritó: «¡No sé qué ha pasado, bajen la cortina!».

EL DATO

El lema del Círculo Mágico, una organización para ilusionistas fundada en 1905, es: «*Indocilis privata loqui*», que significa: «No es oportuno desvelar secretos».

PERIÓDICO MÁGICO

Media

La gracia de este truco está en la preparación. Si dedicas tiempo a disponer las cosas con cuidado, el resultado será impresionante.

Algo de preparación marca la diferencia. La causa de que este truco de **MATERIALIZACIÓN** quede tan impresionante es que te has tomado tu tiempo para disponerlo todo antes de empezar.

NECESITARÁS

Periódico ....

Pañuelos de seda ....

Tira de cartón

Funda de caja de cerillas

Celo

PREPARACIÓN

 Ata unos pañuelos de seda entre sí e introdúcelos en la funda de caja de cerillas. En este paso no es necesario que te esmeres demasiado.

En uno de los lados de la funda, pega con celo o cola la tira de cartón. Asegúrate de que esté bien sujeta y no se vaya a soltar.

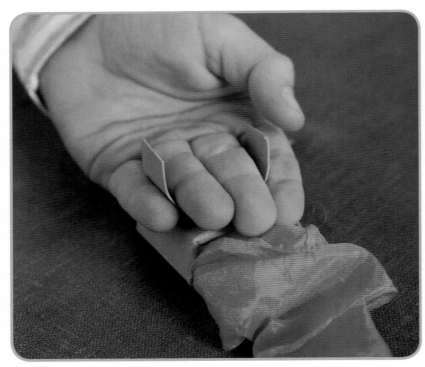

 Sostén la tira de cartón entre tus dedos como se indica. Recorta el sobrante, pero de modo que puedas mantenerla cómodamente donde está.

 Mete los pañuelos en la funda por completo. Si lo has preparado como es debido, quedarán ocultos detrás de tu mano.

ACTUACIÓN

1 Colócate de lado ante el público. Empieza por pasar las páginas del periódico, manteniendo escondida la mano con la funda y los pañuelos.

2 Con la otra mano, practica un pequeño agujero en el periódico, cerca de donde tengas la mano que sujeta la funda.

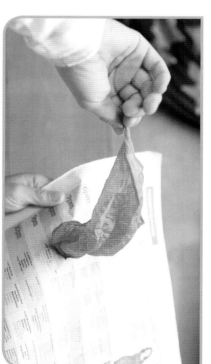

3 Introduce el dedo por el agujero y, despacio, empieza a sacar los pañuelos a través del papel.

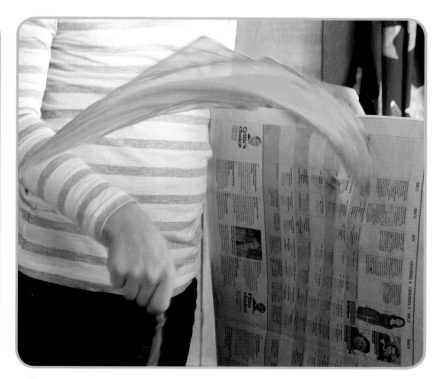

4 Da un tirón seco para que salga el resto de la seda trazando una efectista onda en el aire.

ASES QUE LEVITAN

Si dispones una baraja de naipes de un modo determinado, los ases se **TELETRANSPORTARÁN**. El truco incluye muchos gestos para desconcertar al público.

Media

Necesitarás
• Baraja de naipes

EL DATO

Además de utilizarlas para realizar sus trucos, muchos magos practican el arte del lanzamiento de naipes. Algunos son capaces de arrojarlos a una distancia de 60 m.

PREPARACIÓN

Antes de empezar con el truco, busca los cuatro ases y ponlos bocabajo en lo alto de la baraja.

ACTUACIÓN

1 Pídele a un voluntario que divida la baraja en cuatro pilas más o menos del mismo tamaño. Acuérdate de cuál de las pilas contiene los ases.

2 Pásale al voluntario cualquiera de las pilas que no contienen los ases. Dile que pase las tres primeras cartas al final de la pila.

3 Que reparta un naipe de lo alto de la pila sobre cada una de las otras tres pilas. Luego, que vuelva a dejar las cartas.

4 Repite los pasos 2 y 3 con las otras dos pilas que no contenían los ases. A continuación haz lo mismo con la última pila, que sí los contiene.

5 Pídele al voluntario que gire la primera carta de cada una de las cuatro pilas; verás cómo se queda al ver que se trata de los cuatro ases.

¿DÓNDE ESTÁ EL VASO?

Mediante este truco, podrás hacer **DESAPARECER** un vaso ante la vista de todo el mundo. Solo necesitas saber cómo distraerles y hacer un poco de teatro.

Difícil

Necesitarás
- Mesa y silla
- Moneda
- Vaso
- Papel

EL DATO

En este truco, la distracción es la clave. Su éxito depende de que el público se fije mucho en la moneda y así no se dé cuenta de que lo importante es el vaso.

1 Siéntate y pon una moneda en la mesa. Coloca encima un vaso puesto bocabajo y explícale al público que harás desaparecer la moneda.

2 Cubre el vaso con el papel y envuélvelo apretando bien, para que la forma del vaso quede marcada. Mueve las manos por encima.

3 Levanta el vaso junto con el papel. La moneda seguirá ahí; hazte el sorprendido, como si el truco hubiera fallado: así distraerás al público.

4 Mientras el público está desconcertado, deja caer el vaso en tu regazo. El papel conservará la forma del vaso; así parecerá que continúa allí.

5 Vuelve a colocar el papel sobre la moneda. Di algo así como: «No sé por qué no funciona» y luego agita las manos por encima.

6 Aplasta el papel con las manos y exclama: «¡Oh, pero si ha desaparecido el vaso, no la moneda!». Nadie tiene que saber que ese era el plan.

LA MONEDA PEGAJOSA

Con este truco rápido, la moneda **DESAPARECE** de la vista. Cuando ya domines la técnica básica, te será fácil lograrlo. Es un truco perfecto para cualquier ilusionista.

Media

Necesitarás
- Celo de doble cara
- Moneda pequeña

PREPARACIÓN

ACTUACIÓN

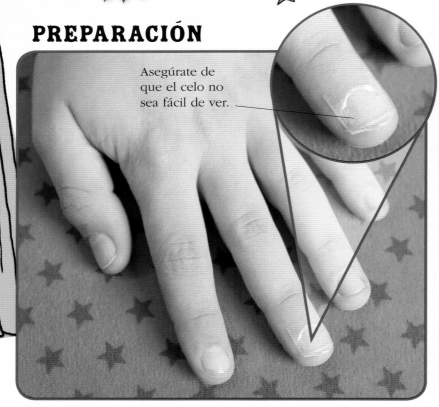

Asegúrate de que el celo no sea fácil de ver.

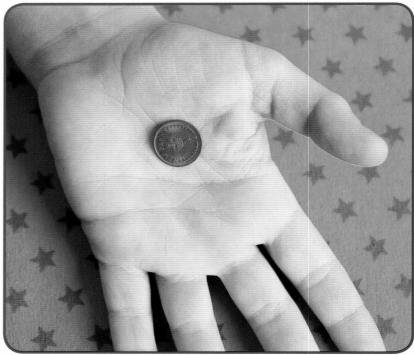

Ponte un trozo de celo de doble cara en la uña del dedo corazón. Prueba con celos de distintos tamaños: si es demasiado grande, el público lo detectará; si es demasiado pequeño, no sujetará la moneda.

1 Muestra las palmas, de modo que el celo no se vea. Ponte la moneda encima de una de ellas, la que lleve el celo pegado en la uña.

 Los tres pasos siguientes tienen que ser como un solo gesto fluido. Primero, cierra los dedos y aprieta la moneda contra el trozo de celo.

 Luego abre la mano. La moneda debe quedar pegada a tu uña. Tendrás que practicar para lograr que te salga de forma rápida y natural.

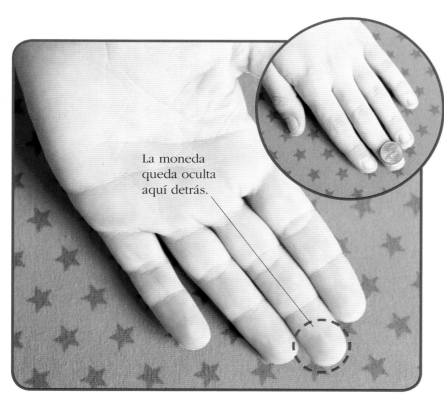

La moneda queda oculta aquí detrás.

Extiende los dedos pero con la mano inclinada hacia abajo. Si lo haces muy deprisa, parecerá que la moneda se haya desvanecido en la nada.

CONSEJO

Este truco funciona mejor con una moneda muy pequeña, porque es más fácil esconderla detrás de un dedo y, al ser más ligera, se pegará mejor en el celo.

ENGAÑOSA ELEGANCIA

Todo mago es un actor y un comediante, por lo que la apariencia resulta muy importante. El ilusionista con varita, chistera, capa, traje de vestir y guantes blancos añade emoción al espectáculo. Además, la ropa del mago sirve para otros propósitos.

Chistera

La chistera de mago es un icono, un **símbolo de la magia**. Se usa para este tipo de actuaciones por lo menos desde el siglo XIX. En sus espectáculos, el gran ilusionista alemán Wiljada Freckel sacaba de su chistera flores, palomas y hasta un conejo.

Las chisteras suelen ser negras, aunque también pueden ser de otro color.

Varita mágica

Un buen mago nunca se aleja demasiado de su varita. No solo se emplea en una gran variedad de trucos, sino que resulta una **poderosa herramienta** de distracción.

Las varitas se consideran una extensión del traje.

Despistar al público

Muchos magos no usan guantes porque pueden **dificultar la ejecución** de algún truco. Pero también pueden ser de utilidad. Hay un número que consiste en introducir la mano enguantada en una chistera; al sacarla, el guante ha cambiado de color.

Bolsillos y mangas

A menudo se utilizan mangas y bolsillos para materializar **objetos ocultos** por medio de un juego de manos. Por ejemplo, para hacer desaparecer una moneda, el mago se la puede colar en un bolsillo secreto o en la manga, cuando el público no esté mirando.

Los bolsillos de los magos suelen estar llenos de pañuelos de seda que usan en sus trucos.

EL DATO

A principios del siglo XIX, los magos acostumbraban a actuar con túnicas. Jean Eugène Robert-Houdin fue el primero en ponerse un traje elegante.

Alexander Herrmann

1844-1896

«Para que su arte tenga éxito, el mago depende de la credulidad de la gente.»

Conocido como Herrmann el Grande, Alexander Herrmann fue famoso por sus espectáculos en Europa y América, y uno de los ilusionistas más populares de su época. Aprendió magia de niño, junto a su hermano Carl, primero como ayudante y después como mago por derecho propio. Como su colega francés Robert-Houdin, era un consumado prestidigitador, aunque también dominaba el arte de extraer conejos de la chistera.

La reina de la magia
Herrmann se casó en EE UU con una joven bailarina llamada **Adelaide Scarcez**. Empezaron a actuar juntos y, en uno de sus ilusionismos más famosos, Adelaide parecía flotar en el aire y quedarse levitando.

Herrmann el Grande & Co
A los Herrmann se les llamaba a veces «Primera Familia de la Magia». Después de morir Alexander, su esposa Adelaide continuó actuando junto a su **sobrino Leon**. Estuvieron de gira durante tres temporadas antes de tomar caminos distintos. Adelaide siguió actuando en solitario como la «Reina de la magia».

EL DATO
Herrmann el Grande se hizo tan popular que siempre llenaba los teatros. Dicen que en la cumbre de su fama ganaba unos tres millones de dólares al año (valor actual).

El gran comediante

Herrmann creía que no solo tenía que sorprender al público con sus números, sino que también lo debía divertir. Siempre estaba **haciendo bromas** y, en cierta ocasión, dejó atónitos a dos policías londinenses al quitarles las placas y meterles un reloj y un pañuelo en el bolsillo.

MONEDA MENGUANTE

Difícil

El secreto de este truco radica en lograr que el público se concentre en la botella. Así no sospecharán que existe una segunda moneda.

Con un poco de preparación y un toque de comediante, conseguirás realizar un clásico de la **TELETRANSPORTACIÓN**: el de pasar una moneda a través de una sólida botella.

NECESITARÁS

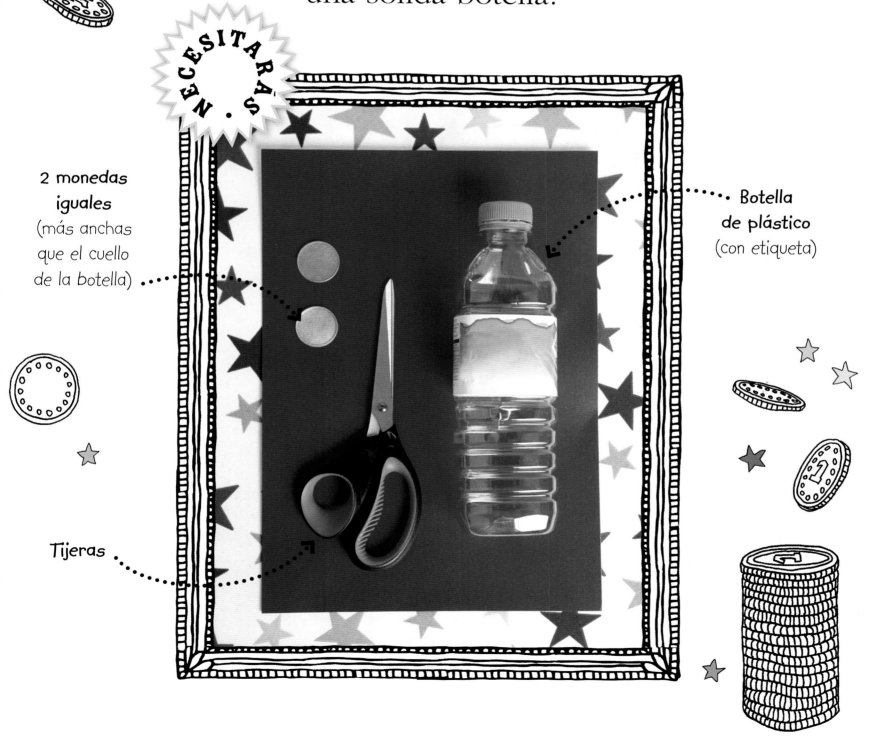

2 monedas iguales
(más anchas que el cuello de la botella)

Botella de plástico
(con etiqueta)

Tijeras

PREPARACIÓN

1 Antes de empezar, despega un extremo de la etiqueta, pero apártala solo un poco: la intención no es retirarla de la botella.

2 Pídele a un adulto que no vaya a ver tu actuación que practique un pequeño corte en el costado de la botella, detrás de la etiqueta.

3 Introduce una moneda casi por completo a través de la rendija. La moneda debe quedar encajada, pero sin llegar a caer dentro de la botella.

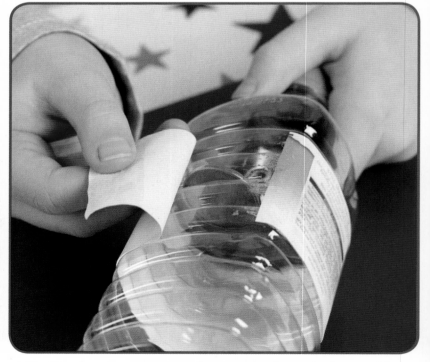

4 Vuelve a pegar la etiqueta encima de la rendija, sin empujar la moneda para que no caiga en la botella. Desenrosca el tapón y déjalo en la mesa.

ACTUACIÓN

1 Entrégale la otra moneda a un voluntario: así verá que no está trucada. Recupérala y muestra que es demasiado grande para entrar en el cuello de la botella.

2 Enséñale al público el interior del tapón para demostrar que no hay nada. Enróscalo en la botella y dale un toque suave para que los asistentes comprueben que está firme.

3 Golpea el tapón con la moneda. Debido a la inercia, la moneda oculta se desprenderá. Sucederá tan deprisa, que parecerá que la otra haya atravesado el tapón para caer en la botella.

CONSEJO

Golpear el tapón producirá un sonido que distraerá al público. Es el momento ideal para deslizarte en el bolsillo, con discreción, la moneda que tienes en la mano; nadie verá que tenías dos monedas.

DOS SON UNO

Media

En los trucos con cuerdas se suele buscar el efecto de la **RESTITUCIÓN**. Con algunos nudos bien pensados, dejarás al público atónito al convertir dos trozos de cuerda en uno.

Necesitarás
• Trozo de cuerda
• Tijeras

EL DATO

Este truco se parece a otro muy famoso de cortar y restituir, también con cuerda, que es un clásico con múltiples variantes posibles.

PREPARACIÓN

Gracias a este nudo, parece que la lazada sean dos pedazos de cuerda atados entre sí.

1 Pídele a un adulto que te corte un pedazo largo de cuerda y otro corto. Ata los dos extremos del pedazo largo para formar una lazada.

2 Ata el pedazo corto en el lado opuesto al nudo del paso 1. Parecerá que la lazada esté hecha con dos pedazos de cuerda de igual longitud.

ACTUACIÓN

 Muestra la lazada de modo que el primer nudo quede arriba. Cuéntale al público que has atado dos pedazos de cuerda entre sí. Dale un tirón.

 Pídele a un adulto que corte el nudo de arriba y lo deje sobre la mesa. Si no hay ningún adulto, pídele a un amigo o amiga que desate el nudo.

 Cubre el otro nudo con la palma de la mano y ve enrollando la cuerda alrededor de la otra mano. Mantén el nudo fuera de la vista del público.

 Cuando llegues al final de la cuerda, el nudo se deslizará en tu palma. Déjalo escondido y alza la cuerda: ¡se habrá convertido en un solo pedazo!

CORTAR A ALGUIEN EN DOS

Durante años, los magos han divertido al público mediante la **RESTITUCIÓN**, serrando a una persona por la mitad y uniéndola luego. ¡Aquí tienes una versión que puedes **probar** en casa!

Necesitarás
- Sobre
- Tijeras
- Lápices
- Papel

EL DATO

Los magos llevan serrando a gente por la mitad desde no se sabe cuándo. El ilusionista británico P.T. Selbit realizó este clásico por primera vez en 1921.

Media

PREPARACIÓN

Si quieres, puedes decorar el sobre.

1 Pídele a un adulto que recorte los extremos del sobre para darle forma de tubo. Debe medir unos 10 cm de largo. Luego, dibuja a una persona en un papel de unos 4 cm de ancho y 18 de largo.

2 Dobla el sobre de modo que el pliegue quede en medio. Pídele a un adulto que, en uno de los lados largos, corte dos muescas perpendiculares al pliegue, solo un poco más grandes que el dibujo.

ACTUACIÓN

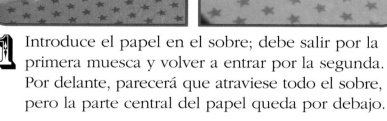

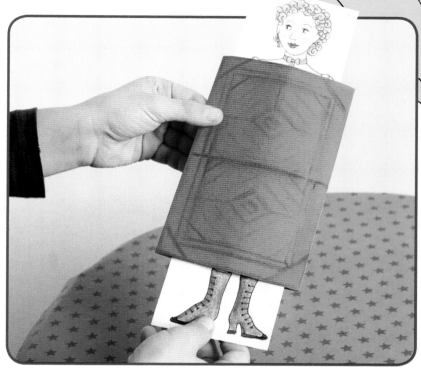

1 Introduce el papel en el sobre; debe salir por la primera muesca y volver a entrar por la segunda. Por delante, parecerá que atraviese todo el sobre, pero la parte central del papel queda por debajo.

2 Sin que se vea la parte de atrás del sobre, muéstrale este al público y anuncia que vas a cortar por la mitad a la persona del dibujo para juntarla luego otra vez.

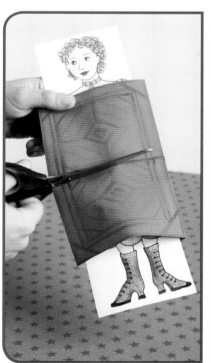

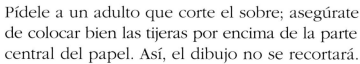

3 Pídele a un adulto que corte el sobre; asegúrate de colocar bien las tijeras por encima de la parte central del papel. Así, el dibujo no se recortará.

4 Una vez recortado todo el ancho del sobre, agita la mano por encima de este, separa las dos mitades y muestra el papel, completamente intacto.

ADIVINA LA CARTA

Media

Una de las cosas que más impresionan al público es la **PREDICCIÓN** de un acontecimiento. Con este truco conseguirás exactamente eso... ¡y de una manera impactante!

Necesitarás
- Baraja de naipes
- Bolígrafo
- Papel
- Sobre
- Mesa

EL DATO

Si este número resulta tan impresionante es porque el voluntario se cree que es ella o él quien toca las cartas y, por lo tanto, quien tiene el control.

PREPARACIÓN

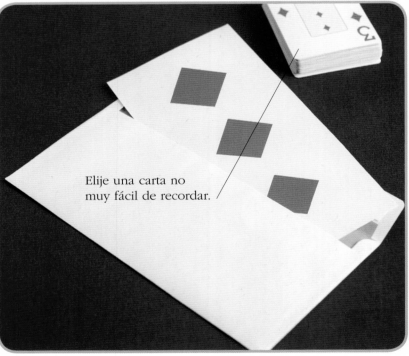

Elije una carta no muy fácil de recordar.

1 Antes de comenzar, escoge una carta y retírala de la baraja. Escribe o dibuja en el papel qué naipe es; mete el papel en el sobre y ciérralo.

2 Coloca el naipe bocabajo en el borde de la mesa, de manera que sobresalga la mitad por un lado. Dispón el sobre encima, para ocultar esta carta.

ACTUACIÓN

 Pásale a un voluntario una baraja de naipes y explícale que adivinarás la carta que elija, sea cual sea. Pídele que las baraje y las mezcle bien.

Que tu voluntario disponga los naipes bocabajo en una pila desordenada. Si la hace ordenada, dile que no hace falta que sea tan cuidadoso.

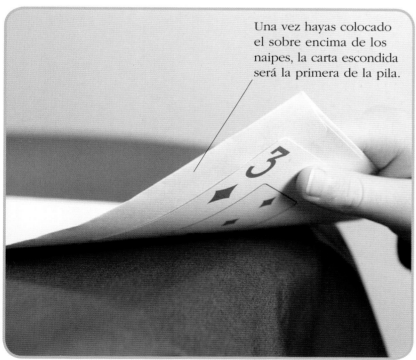

Una vez hayas colocado el sobre encima de los naipes, la carta escondida será la primera de la pila.

 Dile al voluntario que deje de apilar naipes cuando quiera. Una vez que haya parado, toma el sobre (con la carta oculta) y échalo sobre la pila.

 Pídele al voluntario que mire la predicción que hay en el sobre; después gira el primer naipe de la pila. ¡Has acertado en tu predicción!

VARITA MÁGICA

Hechiceros y magos de épocas remotas aseguraban que sus varitas eran la fuente de sus poderes mágicos. Esto ya no sucede, y las varitas mágicas modernas son más bien un simple accesorio. Sin embargo, siempre serán un símbolo de la magia.

Las varitas no son exclusivas de los magos. A lo largo de la historia las han usado, de distintas formas, hechiceros, alquimistas, druidas, dioses griegos o egipcios y brujas.

Varitas históricas

Las varitas han tenido formas y tamaños diferentes en numerosas culturas: cetros reales, bastones o palos, baquetas de chamán, varas de brujos y hasta batutas de director.

Los **materiales también han ido variando**: madera, marfil, piedra e incluso oro o plata. Algunas varitas de ritual llevaban grabados con imágenes simbólicas.

Harry Blackstone

Uno de los accesorios más famosos de Harry Blackstone era su **enorme varita mágica**. Era igual que las típicas blancas y negras utilizadas por tantos magos, ¡pero medía 86 cm!

Baqueta de chamán

Varita de mago

Vara africana

Cetro chino

La herramienta del mago

Las varitas son una herramienta del gremio de los magos, con la que estos convencen al público de que ha ocurrido algo mágico. Además, se pueden utilizar para **distraer**: mientras el mago agite su varita, el público centrará toda la atención en esta y no en los gestos secretos del ilusionista.

EL DATO

Cuando un mago muere, se celebra en su funeral la ceremonia de la varita rota: se rompe una varita como símbolo de que, con su muerte, la varita ha perdido todo su poder.

Howard Thurston
1869-1936

«Mi objetivo es asombrar y entretener. No quiero decepcionar por nada del mundo.»

Gran mago estadounidense, Thurston creó el mayor espectáculo de magia itinerante del mundo: para transportar todo el equipamiento, los accesorios y los trajes, necesitaba ocho vagones. Era muy bueno con la baraja, aunque realizaba otros números asombrosos, como hacer desaparecer un caballo con jinete incluido, cosa que tan solo superó con un coche con pasajeros que desapareció misteriosamente.

Durante las fiestas de Pascua de la Casa Blanca, Thurston extrae un huevo de la boca del nieto del presidente Roosevelt.

1869 *Nace en Columbus (Ohio, EE UU).*

DÉCADA DE 1870 *Tras una infancia desgraciada, Thurston huye de su hogar para unirse a un circo. Allí le entra el gusanillo de la magia.*

DÉCADA DE 1880 *Va a la escuela y comienza a estudiar en el seminario.*

1891 *Abandona los estudios para ser mago profesional.*

1895 *Hace su primera aparición pública como manipulador de naipes en Cincinnati (Ohio).*

1898 *Muestra sus trucos con naipes al gran mago Alexander Herrmann.*

DÉCADA DE 1900 *Recorre el mundo con su espectáculo de magia. Aparece en Londres en 1900 con el nombre de «El rey de los naipes».*

1908 *El mago Harry Kellar decide nombrar a Thurston su sucesor y le pasa su varita. Este prosigue su gira con el espectáculo Kellar-Thurston.*

1931 *Ofrece su espectáculo definitivo en Boston.*

1935 *Thurston inicia su gira de despedida en Filadelfia.*

1936 *Muere a los 66 años de edad de una neumonía.*

EL DATO

Su «Caja mágica de caramelos» era un conjunto de trucos para principiantes. Se vendieron unos dos millones, pero a muchos magos no les gustó que revelara los secretos ni de los trucos más simples.

Chistera mágica

Thurston empezó como **manipulador de naipes**, pero decidió dominar también otras áreas de la magia. Gracias al uso creativo de accesorios, desarrolló unos números increíblemente entretenidos, como extraer toda clase de objetos de la chistera, de bufandas o banderas a conejos.

La princesa flotante

Uno de los números más asombrosos de Thurston era el de la dama flotante, en el que una señora levitaba y **sobrevolaba el escenario** antes de desaparecer como una nube evanescente.

JUEGOS DE MANOS

Uno de los recursos más importantes de todo mago son los juegos de manos, o prestidigitación, una serie de técnicas especiales que se usan para que los números salgan bien. Es tan fundamental, que podría decirse que, sin ello, no existiría la magia tal como la conocemos.

¿Qué es el juego de manos?

El juego de manos consiste en realizar una acción delante del público pero **sin que este lo vea**. Aunque puede adoptar muchas formas, en general consiste en ocultar objetos, pasarlos a otro lugar o intercambiar uno por otro diferente.

CONSEJOS DE PRESTIDIGITACIÓN

1 Hablarle al público durante la actuación servirá para distraerlo y, así, romper su concentración. Entonces es el momento de llevar a cabo tu juego de manos.

2 Si te miras las manos mientras realizas un número, el público también lo hará. Así que procura no hacerlo, a menos que quieras que ellos también las miren.

3 Practicar los trucos delante de un espejo te permitirá observar lo mismo que verá el público. De esa manera, sabrás si necesitas modificar la técnica.

Siete principios de los juegos de manos

El dúo de ilusionistas Penn y Teller redactaron esta lista de técnicas para los juegos de manos. Es normal que al principio te parezca difícil: incluso los expertos tardan años en dominar su prestidigitación. Lo importante es recordar que el público no debe ver lo que estás haciendo.

Escamotear Sostener a escondidas un objeto con una mano que parece vacía.

Tirar Deshacerse de un objeto sin que nadie se dé cuenta.

Robar Obtener a escondidas un objeto que necesitas.

Cargar Desplazar un objeto a un lugar determinado.

Simular Conseguir que parezca que ha ocurrido algo cuando no es así.

Distraer Desviar la atención del público de tus movimientos.

Cambiar Intercambiar un objeto por otro sin que se note.

Lo que el ojo no ve

Los juegos de manos se consiguen combinando movimientos muy rápidos y fluidos, y aprovechando los ángulos y puntos muertos en el campo de visión del público. La clave está en **burlar los sentidos de los asistentes**

SOCIEDADES MÁGICAS

A lo largo de la historia, los magos han fundado clubes privados para profundizar en el estudio de la magia; algunos son secretos, pero no todos. En estos clubes, los miembros comparten trucos, charlan acerca de su gremio e intercambian historias. Siempre son organizaciones exclusivas para ilusionistas.

El círculo mágico

Este club fue fundado en Londres en 1905. Sus miembros prometen no hablar nunca de los secretos de la magia con nadie que no sea mago. La sede del club cuenta con un teatro y un museo.

Hermandad internacional de magos

Con sede en Missouri (EE UU), esta organización cuenta con más de 10 000 miembros de ochenta países. Incluye a profesionales y aficionados, y hasta a niños de siete años de edad. Publica una revista mensual para sus miembros.

Sociedad americana de magos

Es la organización más antigua del mundo de magos escénicos. Su sede está en California y la integran unos 30 000 miembros. Publica una revista y cuenta con una rama para miembros menores de 18 años.

Sociedad de magos de Londres

Se fundó en un pub londinense en 1941 para magos que estaban de paso durante la Segunda Guerra Mundial. Después, el grupo siguió reuniéndose. Comparten ideas, celebran torneos y organizan colectas benéficas.

Las sociedades mágicas contribuyen a difundir la magia de numerosas maneras. Por ejemplo, ofrecen orientación a los magos más jóvenes.

ENSEÑANZA

Para preservar el arte de la magia, muchas asociaciones organizan programas especiales de instrucción; así, los jóvenes ilusionistas aprenden de los mejores.

RELACIONES

¡No todo se limita a la magia! Estas sociedades también brindan la oportunidad de que los magos se reúnan y conozcan a personas con intereses similares a los suyos.

HISTORIA

Conservar la historia de la magia es uno de los principales cometidos de estas asociaciones. Muchas cuentan con museos llenos de importantes objetos y documentos.

ACTUACIÓN

Muchos de los mejores magos del mundo pertenecen a clubes exclusivos; una de las ventajas es que así pueden disfrutar de actuaciones privadas de sus amigos y rivales.

EL TUBO FANTASMA

Media

El éxito de este fantástico truco radica en el compartimento secreto para guardar los objetos que se materializarán.

¿Es imposible que aparezcan objetos de la nada? Con este número de **PRODUCCIÓN** tan astuto, demostrarás lo contrario… ¡de un modo que no olvidarán!

NECESITARÁS ·

Adornos

Pegamento

Tijeras

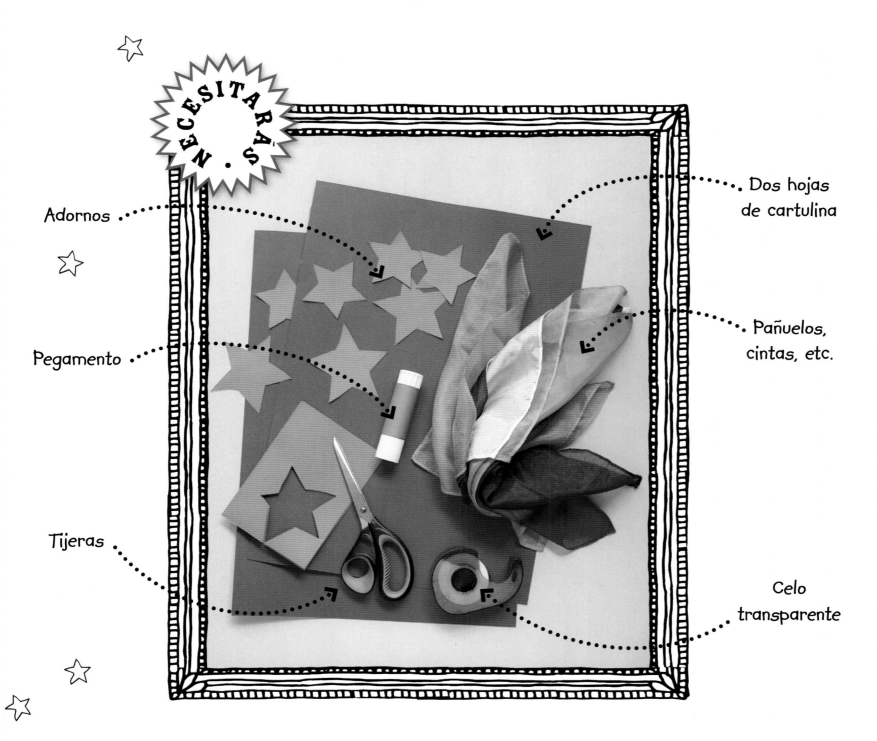

Dos hojas de cartulina

Pañuelos, cintas, etc.

Celo transparente

PREPARACIÓN

1 Enrolla una cartulina en forma de tubo y fija el cilindro con celo. Enrolla la otra como un cono, es decir, con un extremo más estrecho que el otro.

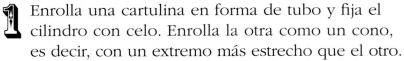

2 Introduce el cono en el cilindro, de forma que los extremos anchos queden juntos. Sujétalo con celo, recorta lo que sobre y adórnalo si quieres.

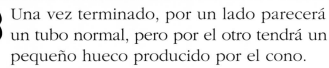

3 Una vez terminado, por un lado parecerá un tubo normal, pero por el otro tendrá un pequeño hueco producido por el cono.

4 Rellena el hueco secreto con los distintos objetos que vayas a sacar. Utiliza cosas pequeñas que no ocupen mucho espacio, como pañuelos o cintas.

ACTUACIÓN

 Muéstrale al público el extremo del tubo que parece normal. Mantén el lado con el hueco secreto fuera de su vista en todo momento.

2 Deja caer una moneda a través del tubo para demostrar que no hay espejos. Luego extrae uno de los objetos escondidos en el hueco.

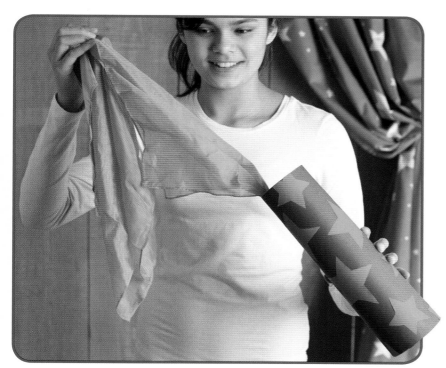

3 Mientras el público observa asombrado, continúa sacando objetos del tubo. Sigue hasta vaciarlo por completo y, por último, dale una sacudida al tubo.

CONSEJO

Asegúrate de que nadie vea nunca el otro extremo del tubo o se echará todo a perder. Te ayudará mantener en vertical el tubo mientras extraes los objetos.

VASOS Y BOLAS

Este clásico combina la **TELETRANSPORTACIÓN**, la **MATERIALIZACIÓN** y la **DESAPARICIÓN**, ¡y tal vez se remonte al antiguo Egipto! No es de extrañar que aún siga sorprendiendo.

Difícil

Necesitarás
- 3 vasos
- 4 bolas pequeñas

PREPARACIÓN

Coloca tres bolas en fila sobre la mesa y un vaso junto a cada una. Oculta una cuarta bola secreta en el vaso del centro; es esencial que el público no llegue a saber que existe.

ACTUACIÓN

1 Pon bocabajo uno de los vasos de los extremos y déjalo detrás de la bola; gira también el del otro extremo, con la otra mano.

2 Vuelve bocabajo el vaso del centro, sin que se salga la bola escondida. Procura girarlo del mismo modo que los otros dos vasos.

 3 Pon la bola que está en medio encima del vaso del centro; apila luego los otros dos vasos encima.

4 Dale un pequeño golpe a la pila de vasos, levántala y di: «¡Mirad, la bola ha atravesado el fondo del vaso!».

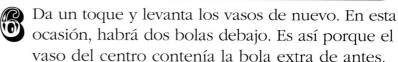

5 Pon los vasos bocarriba. Repite los pasos 1 y 2, pero girando el vaso del centro sobre la bola de en medio. Coloca una de las bolas de las puntas sobre el vaso central y apila de nuevo los vasos.

6 Da un toque y levanta los vasos de nuevo. En esta ocasión, habrá dos bolas debajo. Es así porque el vaso del centro contenía la bola extra de antes.

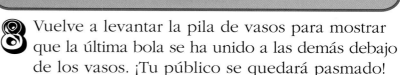

7 Repite el proceso de apilar con la última bola, procurando que la bola extra no se salga cuando coloques el vaso del centro sobre las dos bolas.

8 Vuelve a levantar la pila de vasos para mostrar que la última bola se ha unido a las demás debajo de los vasos. ¡Tu público se quedará pasmado!

MULTIPLICAR DINERO

En este truco, el efecto de la **TRANSFORMACIÓN** convierte una moneda en dos al instante. Es fácil de aprender, pero difícil de dominar.

Difícil

Necesitarás
- 1 moneda pequeña
- 2 monedas más grandes

EL DATO

Este truco es un ejemplo de cómo los magos solo permiten que el público vea lo que ellos quieren para que el número salga bien.

PREPARACIÓN

1 Sujeta las dos monedas de mayor tamaño en horizontal entre los dedos pulgar e índice.

2 Posiciona la pequeña en vertical frente a las monedas grandes, para ocultarlas a la vista.

ACTUACIÓN

1 Enseña la moneda al público, pero sostenla de modo que no se vean las de detrás. Debes realizar los demás pasos en un único movimiento rápido.

2 Junta las manos y, con el pulgar, desliza la moneda pequeña sobre las demás para hacer una pila.

La moneda grande no dejará ver la pequeña.

3 Divide la pila: te quedará una moneda en una mano y dos en la otra. Una de las monedas grandes ocultará la pequeña de la vista.

4 Levanta las manos hacia el público. Si lo has hecho rápidamente, parecerá que la moneda pequeña se haya dividido y transformado.

EL CORDÓN MÁGICO

¿Crees que es posible reparar un pedazo de cordón por arte de magia? Gracias al poder de la **RESTITUCIÓN**, conseguirás hacérselo creer a los demás.

Media

Necesitarás
- Trozo largo de cordón
- Trozo pequeño de cordón
- Tijeras

PREPARACIÓN

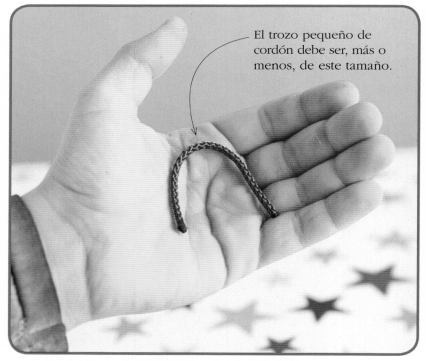

El trozo pequeño de cordón debe ser, más o menos, de este tamaño.

Toma el pedazo corto de cordón: el tamaño adecuado son unos 5 cm. Escóndelo en la palma de la mano izquierda, como muestra la imagen.

ACTUACIÓN

1 Sujeta el pedazo largo de cordón con la otra mano. Muéstrale al público que se trata de un solo pedazo entero.

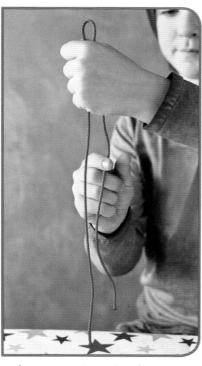

2 Toma el cordón largo en la mano izquierda, pero empuja hacia arriba el bucle del pedazo corto de modo que asome por el borde de tu mano.

3 Pídele a algún adulto del público que corte en dos el cordón; en realidad estará cortando el bucle que asoma por tu mano.

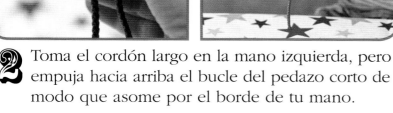

El público nunca sabrá que lo cortado es un pedazo de cordón secreto.

4 A hurtadillas, guárdate en la mano las puntas del pedazo corto de cordón, sujétalas con el pulgar. Luego extrae el pedazo largo con un gesto teatral.

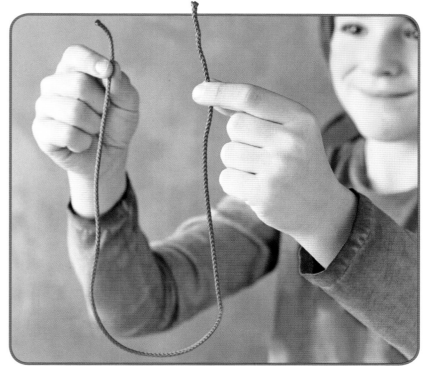

5 Enséñale el cordón al público. ¡Parecerá que el trozo que han cortado se haya arreglado por arte de magia para volver a unirse!

ÚTILES DEL GREMIO

No importa los útiles que empleen los ilusionistas para dejar al público boquiabierto: los mejores profesionales saben hacer magia casi sin nada. No obstante, existen algunos elementos que todo mago incluye en su equipo.

Pañuelos

Coloridos y de seda, los pañuelos son lo bastante pequeños como para **apretujarlos en distintos escondrijos**. Los magos los suelen usar en trucos relacionados con la materialización, ya que se pueden extraer con un aire muy teatral.

Vasos y bolas

Uno de los favoritos de los **profesionales callejeros**; sus numerosas variantes llevan ya muchos años impactando al público.

BARAJA DE NAIPES

Una baraja de naipes estándar contiene 52 cartas repartidas en **cuatro palos**: corazones, diamantes, tréboles y picas. Cada palo está compuesto de nueve cartas numeradas, una sota, una reina, un rey y un as.

Cuerda

Además de utilizarla los **artistas del escapismo**, la cuerda sirve para varios trucos. Normalmente son números en los que se modifica la longitud de una cuerda, se corta un trozo para volverlo a restituir o se unen pedazos sueltos.

EL DATO

Otros trucos más evolucionados requieren elementos especiales, como barajas trucadas, monedas que se doblan o cajas con compartimentos secretos.

Naipes

Los naipes son, sin duda, la herramienta más conocida del ilusionista. A los magos les encantan, porque son **lo bastante pequeños como para manipularlos** y, al mismo tiempo, ofrecen un sinfín de posibilidades.

Anillas

Las anillas, típicas de la magia escénica, son una serie de aros metálicos que se entrelazan como eslabones para **formar cadenas**. Los ilusionistas realizan diversos trucos con anillas entrelazadas desde hace siglos.

Monedas

Las monedas, uno de los útiles favoritos de los prestidigitadores expertos, intervienen en muchos números increíbles. Sin embargo, estos trucos pueden llegar a ser muy difíciles, por lo que exigen **muchísima práctica**.

Harry Houdini

1874-1926

«Lo que los ojos ven y los oídos oyen, la mente se lo cree.»

1874 *Nace como Erik Weisz en Budapest (Hungría).*

1878 *Se traslada a EE UU con su familia y adopta el nombre de Ehrich Weiss.*

1883 *Primeras actuaciones en público como «Ehrich, príncipe del aire», en el trapecio.*

1891 *Adopta el nombre de Harry Houdini en homenaje a Jean Eugène Robert-Houdin y realiza su primera actuación como mago escénico.*

1894 *Contrae matrimonio con otra artista, Bess Rahner, que pasa a ser su ayudante.*

1899 *Lo contrata como escapista el representante Martin Beck.*

1900 *Beck lleva a Houdini a Londres, donde se libera de unas esposas en Scotland Yard, el cuartel general de la policía.*

1900 *Houdini adopta el título de «Rey de las esposas» e inicia una gira europea.*

1907 *Regresa a EE UU y presenta unos números de escapismo cada vez más arriesgados.*

1918 *Aparece la primera de varias intervenciones cinematográficas que le mostraron realizando números de escapismo integrados en la trama.*

1920 *Lanza una campaña para dejar en evidencia a falsos espiritistas y médiums, desenmascarando los trucos que utilizan.*

1926 *Se desmaya en el escenario en Detroit (Michigan, EE UU). Murió siete días después de sufrir una peritonitis.*

Harry Houdini fue, sin duda, el mayor escapista del mundo. Se liberaba con facilidad de esposas, cofres candados, habitaciones cerradas y otras trampas. Houdini, que supo usar las tácticas de la publicidad para realzar su imagen, se convirtió en una de las estrellas de escenario más célebres y mejor pagadas de principios del siglo xx. Siempre guardó el secreto de cómo lograba burlar los cerrojos, y hoy sigue sin saberse con certeza cómo realizaba algunas de sus huidas.

Ábrete sésamo
Las camisas de fuerza se usaban para inmovilizar a los criminales y se supone que eran **a prueba de huidas**. A menudo, Houdini se hacía sujetar en ellas y colgar bocabajo de un edificio alto. Solía escapar en cuestión de pocos minutos.

El esposado
Cuando Houdini llegaba a una nueva ciudad, en ocasiones retaba en público a la policía local a que lo encerrara. Con periodistas como testigos, se liberaba de esposas, grilletes y hasta celdas de cárcel. Con ello lograba publicidad para su espectáculo, por lo que vendía muchísimas entradas.

Engullido por el río

En julio de 1912, Houdini realizó uno de sus escapes más famosos: se sujetó de manos y pies con unas esposas clavadas en el interior de una caja de madera, y luego se hizo encerrar en la caja, que fue **arrojada al río East** de Nueva York. La caja se hundió, pero, tan solo 57 segundos después, Houdini apareció libre y nadando. Se recuperó la caja, que aún seguía cerrada con las esposas en el interior.

Los Houdini

Houdini siempre trabajaba con un compañero. Al principio fue su hermano Dash y se hacían llamar «Los hermanos Houdini». Tras casarse con Bess Rahner en 1894, el matrimonio actuó como **«Los Houdini»**. Hoy se cree que el ayudante de turno distraía al público mientras Houdini realizaba sus trucos.

BURIED ALIVE !
EGYPTIAN FAKIRS OUTDONE

Master Mystifier

HOUDINI

THE GREATEST NECROMANCER OF THE AGE—PERHAPS OF ALL TIMES
The Literary Digest

TRUCOS DE LOS MAGOS
NUDO FUGITIVO

Muchos artistas del escapismo utilizan unos nudos especiales. A menudo, un ayudante ata al mago con un nudo que parece seguro a ojos del público, pero que se deshace con gran facilidad tirando de un modo determinado.

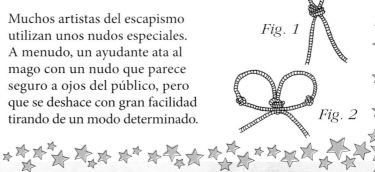

Fig. 1

Fig. 2

BOLA FUNAMBULISTA

Media

El secreto de este truco está en que el público no ve que hay un pedazo de hilo oculto, que impide que la bola se caiga.

Uno de los logros más impresionantes en el terreno de la magia es hacer que las cosas vuelen o **LEVITEN**. El siguiente truco te permite suspender una bola en el aire sin nada más que una mano firme y cierta preparación.

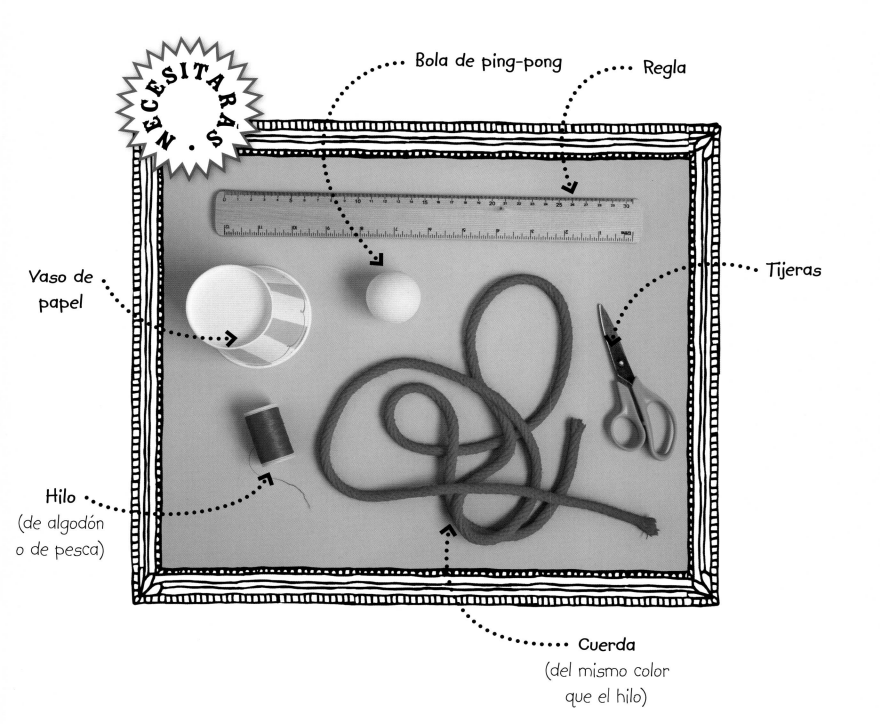

NECESITARÁS...

Bola de ping-pong

Regla

Tijeras

Vaso de papel

Hilo
(de algodón
o de pesca)

Cuerda
(del mismo color
que el hilo)

98

PREPARACIÓN

 Extiende la cuerda y mide 30 cm de longitud. Pídele a un adulto que te corte ese trozo.

Ata el hilo, bien ceñido, cerca de un extremo de la cuerda. Dile a un adulto que corte el sobrante.

> Debes evitar que el público pueda ver el hilo.

 Dejando unos 2,5 cm de margen, alinea y ata el hilo al otro extremo de la cuerda.

 Durante la actuación, deberás separar la cuerda y el hilo con los dedos como en la imagen.

ACTUACIÓN

 Coloca el vaso de papel bocabajo sobre la mesa y pon encima la pelota de ping-pong.

 Sostén la cuerda y el hilo separándolos y hazlos descender sobre la bola, uno a cada lado de esta.

 Separa las manos para que la cuerda y el hilo se tensen. Alza las manos y la bola también lo hará.

 Para añadirle algo de estilo, inclina un poco la cuerda y el hilo; la bola empezará a desplazarse.

PREDICCIÓN IMPOSIBLE

Con frecuencia, los trucos con naipes se basan en la **PREDICCIÓN** o adivinación. El motivo es que existen muchas formas de utilizarlos para lograr este efecto.

Media

Necesitarás
- Baraja de naipes
- Bolígrafo
- Papel

EL DATO

Muchos ilusionistas consideran al mago austríaco Johann Nepomuk Hofzinser el padre de la magia con naipes. Aún hoy se utilizan numerosas técnicas de las que él ideó a principios del siglo XIX.

PREPARACIÓN

ACTUACIÓN

Antes de empezar, toma una carta y ponla la primera de la baraja. En un trozo de papel, escribe o dibuja cuál es; luego esconde el papel donde quieras.

 Toma la baraja bocabajo con una mano y pasa el primer naipe a la otra mano. Al hacerlo, dile al público que quieres que elija una carta.

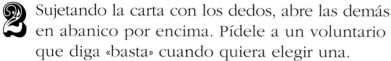

2 Sujetando la carta con los dedos, abre las demás en abanico por encima. Pídele a un voluntario que diga «basta» cuando quiera elegir una.

3 Cuando el voluntario diga «basta», divide la baraja. En ese momento, pasa disimuladamente la carta escondida a la base del punto de corte.

4 Muéstrale la baraja al público. Si lo has hecho bien, la carta escondida será la que esté en la base en vez de la elegida por el voluntario.

5 Pídele a este que diga cuál es el naipe elegido. Luego indícale dónde está el papel escondido. Su supuesta predicción coincidirá con tu carta.

COLOR MISTERIOSO

Fácil

Este truco es tan sencillo como efectivo. Ni el público más avispado será capaz de imaginarse cómo has llegado a **ADIVINAR** el color del lápiz que ha elegido.

Necesitarás
- Bolsa pequeña
- Lápices de cera

EL DATO

El mentalista británico Derren Brown, famoso por sus grandes hazañas, logró «predecir» en cierta ocasión todos los números de una lotería.

1 Introduce unos cuantos lápices de colores en una bolsa pequeña y entrégasela a un voluntario.

2 Date la vuelta. Con la mano en la espalda, pídele al voluntario que deposite un lápiz en tu palma.

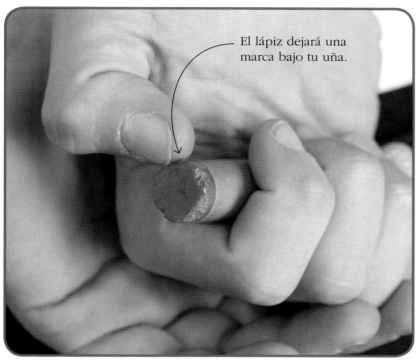

El lápiz dejará una marca bajo tu uña.

3 Vuelve a girarte y explícale a tu voluntario que piensas adivinar de qué color es ese lápiz. Mientras, rasca el lápiz con la uña del pulgar.

4 Pídele al voluntario que vuelva a introducir el lápiz en la bolsa y te la entregue. Sostén esta ante ti y finge que te estás concentrando.

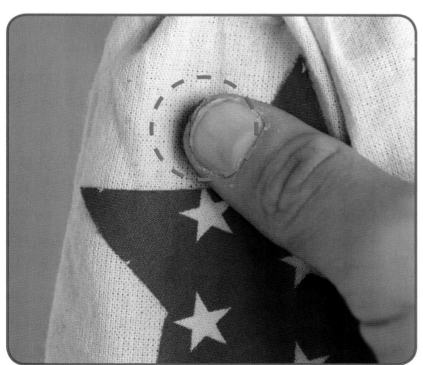

5 Échale un vistazo a tu pulgar sin que se note. Nadie sabrá cómo, pero podrás adivinar de qué color es el lápiz de cera mirándote la uña.

CONSEJO

Cuando te mires la uña, procura que nadie vea lo que haces. Por ejemplo, puedes fingir que tratas de mirar «a través» de la bolsa.

EL NAIPE MUTANTE

Este truco puede costar un poco al principio, pero lograr que una carta se **TRANSFORME** en otra por arte de magia es uno de los efectos más sorprendentes para principiantes.

Difícil

Necesitarás
• Baraja de naipes

¿QUÉ VE EL PÚBLICO?

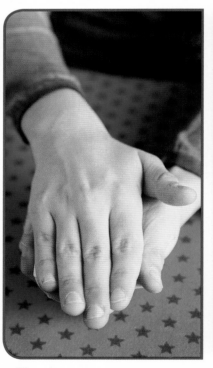

1 Este truco, ideado por S.W. Erdnase, es un poco diferente del resto. Para realizarlo con éxito, hay que saber qué se supone que debe ver el público.

2 El público debe ver que deslizas la mano sobre una carta y que, cuando la apartas, esa carta se ha transformado en otra.

¿CÓMO LO HACES?

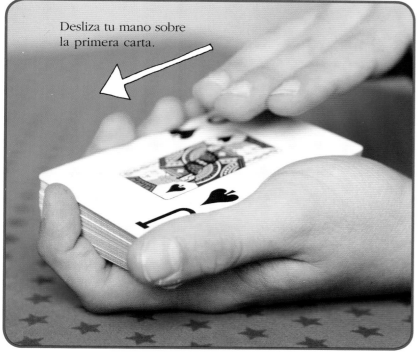

Desliza tu mano sobre la primera carta.

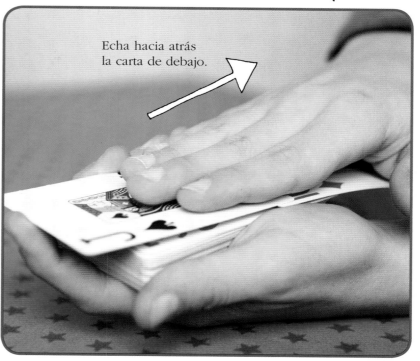

Echa hacia atrás la carta de debajo.

 Prepara una baraja de modo que los naipes de la base sean de distintos colores. Vuélvela bocarriba y desliza la mano encima, empujando hacia adelante la primera carta con la parte superior de tu palma.

 Al mover el naipe hacia adelante, se verá un poco el segundo. Luego vuelve a deslizar la mano hacia atrás y utiliza la base de tu palma para sacarlo por completo de debajo de la primera carta.

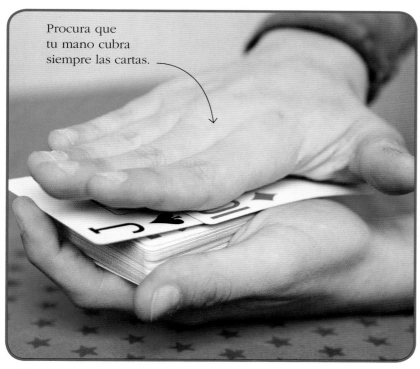

Procura que tu mano cubra siempre las cartas.

 Desplaza el segundo naipe hacia delante para que pase encima del primero. Trata de que tus manos oculten las cartas todo el tiempo. Después, nivela la baraja para que se vea ordenada.

 ¡El naipe de encima habrá cambiado! Puede que tardes un poco en realizar esta secuencia en un solo movimiento. En tal caso, practica cada paso por separado antes de hacerlos todos seguidos.

1883 *Nace en Copenhague (Dinamarca).*

1889 *Se traslada a EE UU con su familia.*

1899 *Se sube al escenario con el mago Charles Wagner. Empieza una gira mundial con solo 16 años.*

1911 *Funda en Chicago un negocio de artículos de magia.*

1912 *Realiza varias giras por Australia y Nueva Zelanda, consideradas «a años luz de las de otros magos». Por esa época se casa con Edna Herr, música, que se convierte en su ayudante. Juntos tendrán tres hijos y dos hijas.*

1922 *Toma el relevo del legendario mago Howard Thurston y decide adoptar el nombre artístico de Dante, por un ilusionista australiano fallecido en un accidente.*

1926 *Establece su propio negocio y recorre el mundo junto a su familia.*

1931 *Oye en un film sueco la fórmula «Sim Sala Bim» y la emplea por primera vez.*

1940 *Inaugura en Broadway (Nueva York) un espectáculo llamado Sim Sala Bim.*

1942 *Aparece en la película ¡Qué par de locos! del Gordo y el Flaco, interpretándose a sí mismo.*

1948 *Decide retirarse al sur de California, ya que la TV perjudica a sus espectáculos de teatro.*

1955 *Fallece de un infarto.*

1966 *Muere Edna, su esposa.*

Harry August Jansen
1883-1955

«Sim Sala Bim.»

Estas palabras mágicas eran el sello del ilusionista conocido como «Dante»; palabras sin ningún sentido extraídas de una nana danesa, pero que creaban el ambiente propicio para la magia. Dante sabía cómo causar impresión en el escenario: sus espectáculos requerían hasta cuarenta participantes, incluidos músicos, malabaristas, acróbatas, aves y otros animales.

Los espectáculos de Dante, un mago con enorme encanto y sentido del humor, estaban cargados de misterio y sorpresas.

Maestro internacional
Cuando tocaba recorrer mundo, Dante se llevaba consigo a toda la familia. Su esposa dirigía una orquesta de 40 miembros y sus hijos se encontraban a gusto tanto en África como en India, China o Japón.

Éxito en escena

Decía el representante de Dante que él era el mejor artista escénico del mundo. Presentaba un espectáculo en **siete idiomas** y actuó ante reyes y presidentes en Suecia, Noruega, Dinamarca, Grecia y Rusia.

EL DATO

Dante llegó a ser tan importante, que después de su muerte, en 1955, muchos magos dijeron que la Edad de Oro de la magia había tocado a su fin.

LA DISTRACCIÓN

Una de las claves de la magia es que el público no sepa nunca qué está ocurriendo de verdad. Para ello, los magos recurren a una habilidad llamada distracción, que les ayuda a influir en lo que el público ve. La distracción, en este caso, no consiste solo en hacer que una persona se desconcentre, sino en que se fije en aquello que el mago desea.

El truco de la bala atrapada

La distracción puede adoptar muchas formas. En un famoso truco, se carga una escopeta con balas falsas que no estallan pero hacen mucho ruido. **La detonación es tan fuerte**, que distrae mucho al público y parece que el mago atrape con los dientes una bala disparada a toda velocidad.

AVISO
NO LO INTENTES EN CASA

El truco de la bala atrapada es extremadamente peligroso y varios magos han muerto intentándolo.

EL DATO

Al cerebro humano lo atraen el movimiento y los colores brillantes. Por eso, cuando un mago agita su varita o su pañuelo, el público suele dirigir la mirada hacia allí automáticamente.

Mientras el público está distraído con el ruido, el mago, veloz, se coloca una bala entre los dientes.

FÍSICA

La distracción más habitual consiste en fingir que uno hace algo con las manos cuando, en realidad, está haciendo otra cosa. El mago puede simular que recoge un objeto o bien mover las manos de cierta forma teatral, pero siempre tiene que parecer muy natural.

MENTAL

Es normal que el público desee conocer el secreto de un truco. Los magos más hábiles saben aprovechar eso y, en ocasiones, dejan que el público se crea que ha descubierto el secreto. De ese modo, la gente baja la guardia y el ilusionista puede hacer lo que se le antoje.

VERBAL

La mayoría de los magos hablan durante sus espectáculos a fin de hacerlos aún más entretenidos; pero hablar durante un truco tiene otro cometido: cuando el público se fija en lo que dice el mago, le cuesta más detectar las acciones que lleva a cabo.

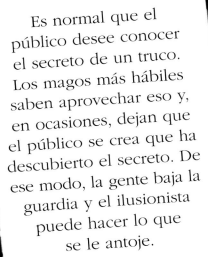

MAGIA CALLEJERA

La magia callejera se remonta a la época de la antigua Roma y, desde entonces, se ha desarrollado en distintos marcos, como los circos, las ferias o los puestos improvisados. Hoy en día está resurgiendo gracias a una nueva hornada de ilusionistas que buscan un escenario y un público mayores para sus números.

Arte y magia

La magia siempre ha fascinado a los artistas. *El prestidigitador* es una obra del siglo xv del gran pintor flamenco **El Bosco**, donde un mago callejero realiza un truco con vasos y bolas y extrae una rana de la boca de un hombre.

Grandes trucos

Dynamo (Steven Prayne) es un ilusionista británico de la nueva ola que **nunca recurre a grandes escenarios**. Sus trucos callejeros incluyen caminar sobre el agua, atravesar un cristal sólido y levitar con una mano sobre un autobús en marcha.

Jeff Sheridan es un célebre inventor de magia y artista visual.

El padre de la magia callejera moderna

Jeff Sheridan es un mago que empezó su carrera **afianzando la magia callejera moderna** y haciéndola respetable, con grandes actuaciones en el Central Park de Nueva York. Luego, prolongó su carrera en Europa, donde llegó a ser artista residente en el importantísimo teatro de variedades Tigerpalast de Frankfurt (Alemania). Ha inspirado a muchos magos, como David Copperfield, David Blaine y Jeff McBride.

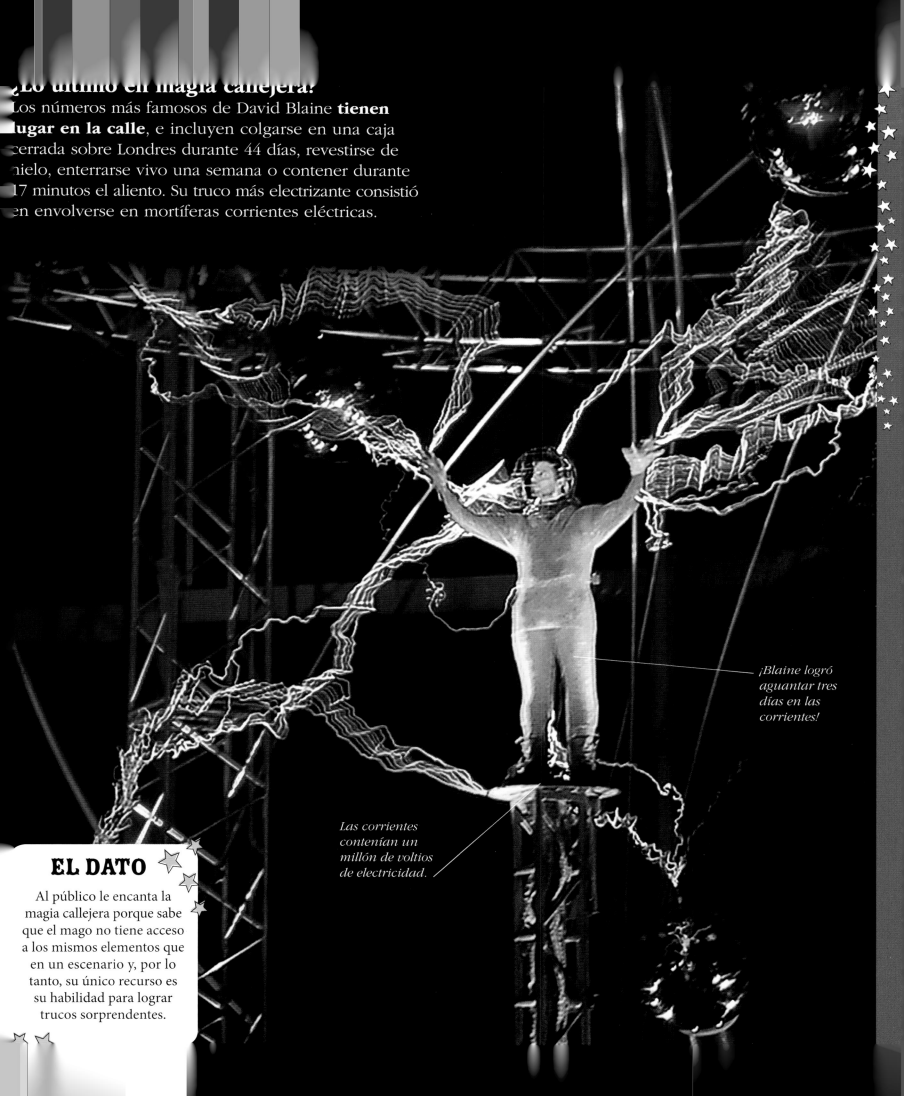

¿Lo último en magia callejera!

Los números más famosos de David Blaine **tienen lugar en la calle**, e incluyen colgarse en una caja cerrada sobre Londres durante 44 días, revestirse de hielo, enterrarse vivo una semana o contener durante 17 minutos el aliento. Su truco más electrizante consistió en envolverse en mortíferas corrientes eléctricas.

¡Blaine logró aguantar tres días en las corrientes!

Las corrientes contenían un millón de voltios de electricidad.

EL DATO

Al público le encanta la magia callejera porque sabe que el mago no tiene acceso a los mismos elementos que en un escenario y, por lo tanto, su único recurso es su habilidad para lograr trucos sorprendentes.

¿VERDAD o ENGAÑO?

Mientras que muchos trucos de magos y escapistas pueden ser peligrosos, aún hay otro tipo de artistas que usan sus cuerpos de formas insospechadas para mostrar espectaculares y arriesgadas proezas. Si bien ninguno de estos números son ilusiones mágicas, el público puede creer, equivocadamente, que se trata de algún artificio.

AVISO
NO LO INTENTES EN CASA

Estos números son peligrosos. Solo se pueden aprender de un experto y hacen falta años de cuidadosa práctica para perfeccionarlos.

Tragasables

Aunque muchas personas dan por hecho que este acto es una ilusión, **muy pocas veces hay truco**, en realidad. Aunque no se tragan el sable, sí se lo pasan por la boca, garganta abajo, hasta llegar al estómago. El sable no está muy afilado, pero aun así no es difícil sufrir graves heridas si no se hace con sumo cuidado.

Lecho de clavos

Pese a que un lecho de clavos no parece muy cómodo, es la menos arriesgada de estas acciones. Si hay los suficientes clavos como para que **el peso** de la persona **se distribuya uniformemente**, estos no rasgarán la piel. Lo más complicado es subirse y bajarse del lecho, ya que el peso de la persona tan solo se apoya en unos cuantos clavos.

Comer fuego

Este número, muy típico de actuaciones callejeras y festivales, consiste en apagar un objeto en llamas introduciéndolo en la boca para **cortarle al fuego el suministro de oxígeno**. Ver a alguien comer fuego es espectacular, pero suele ser bastante doloroso para quien lo practica, debido a ampollas en la lengua, la garganta y los labios.

Escupir fuego

En este número, que se remonta al antiguo Egipto, los artistas soplan gasolina sobre una llama para que parezca que **disparan fuego con la boca**. Con distintas técnicas, son capaces de formar una gran llamarada, que además pueden dirigir hacia el cielo o bien al suelo, donde se extingue.

HISTORIA DE LA MAGIA

La magia ha cambiado mucho a lo largo de los siglos; una trayectoria que abarca millares de años y continentes enteros. Pero, ¿qué trucos nos reserva el futuro?

c. 720 d.C.
Nace el alquimista Jabir ibn Hayyan, famoso también como geógrafo, filósofo y físico.

c. 1600 a.C.
Los sacerdotes egipcios recopilan los conjuros mágicos que constituyen el *Libro de los muertos*, una ayuda a los fallecidos en el más allá.

c. 25000 a.C.
En la cueva de Altamira (España) hay pinturas de bisontes, ciervos y demás animales que pudieron formar parte de rituales mágicos.

2000 A.C.	AÑO 0	1000

c. 2000 a.C.
El sistema de adivinación del *I Ching* se empieza a utilizar en China.

c. 300 a.C.
El *I Ching* adopta su forma moderna en China.

c. 50 d.C.
El número de los vasos y las bolas se realiza en la antigua Roma con vasijas y piedras.

c. 1500 a.C.
Se empiezan a celebrar los Misterios de Eleusis en honor a la diosa griega Deméter.

924
El rey Atelstán decreta una ley en contra de la brujería en Inglaterra, por la que dichos actos quedan penados con una multa de 120 chelines o con la muerte.

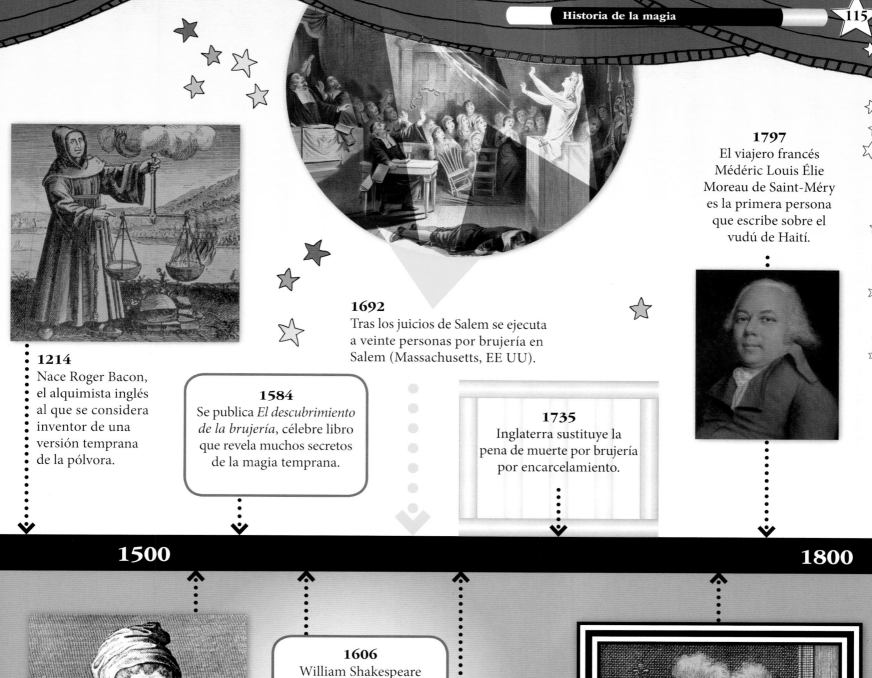

1797
El viajero francés
Médéric Louis Élie
Moreau de Saint-Méry
es la primera persona
que escribe sobre el
vudú de Haití.

1692
Tras los juicios de Salem se ejecuta
a veinte personas por brujería en
Salem (Massachusetts, EE UU).

1214
Nace Roger Bacon,
el alquimista inglés
al que se considera
inventor de una
versión temprana
de la pólvora.

1584
Se publica *El descubrimiento
de la brujería*, célebre libro
que revela muchos secretos
de la magia temprana.

1735
Inglaterra sustituye la
pena de muerte por brujería
por encarcelamiento.

1500

1800

1558
John Dee se convierte
en astrólogo de la reina
Isabel I de Inglaterra.
Abrazará también los
rituales y conjuros
mágicos.

1606
William Shakespeare
escribe la obra *Macbeth*,
que incluye una famosa e
intensa escena en la que
el señor de Escocia se
enfrenta a tres brujas.

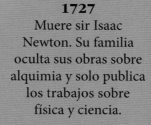

1727
Muere sir Isaac
Newton. Su familia
oculta sus obras sobre
alquimia y solo publica
los trabajos sobre
física y ciencia.

1750
Nace Joseph Pinetti, un mago
temprano muy influyente.

1805
Nace el legendario ilusionista Jean Eugène Robert-Houdin.

1894
Nace Dai Vernon, uno de los ilusionistas más importantes del siglo XX.

1921
P.T. Selbit realiza en Londres el famoso truco de «serrar a una persona por la mitad».

1874
El gran Harry Houdini nace en Budapest.

1900
Howard Thurston emprende una exitosa gira mundial como «Rey de los naipes».

1900

1925

1845
Robert-Houdin es uno de los primeros magos que agotan las entradas para actuar en un teatro.

1871
El mago Alexander Herrmann agota tres años seguidos las entradas de su espectáculo londinense «Las 1001 noches».

THE SOCIETY OF AMERICAN MAGICIANS
★ EST. 1902 ★

THEATRE ROBERT-HOUDIN
8 BOULⁿ DES ITALIENS
LA BAÏKA
STROUBAÏKA
PERSANE
TOUS LES SOIRS
TRUC MERVEILLEUX
NOUVEAU
PAR LE PERSAN
DJELFIH-EL-NADIR

1902
Se funda en Nueva York la Sociedad americana de magos.

1899
El artista danés Harry August Jansen sube al escenario con 16 años.

THE MAGIC CIRCLE
INDOCILIS PRIVATA LOQUI

1905
Se funda en Londres el Círculo Mágico.

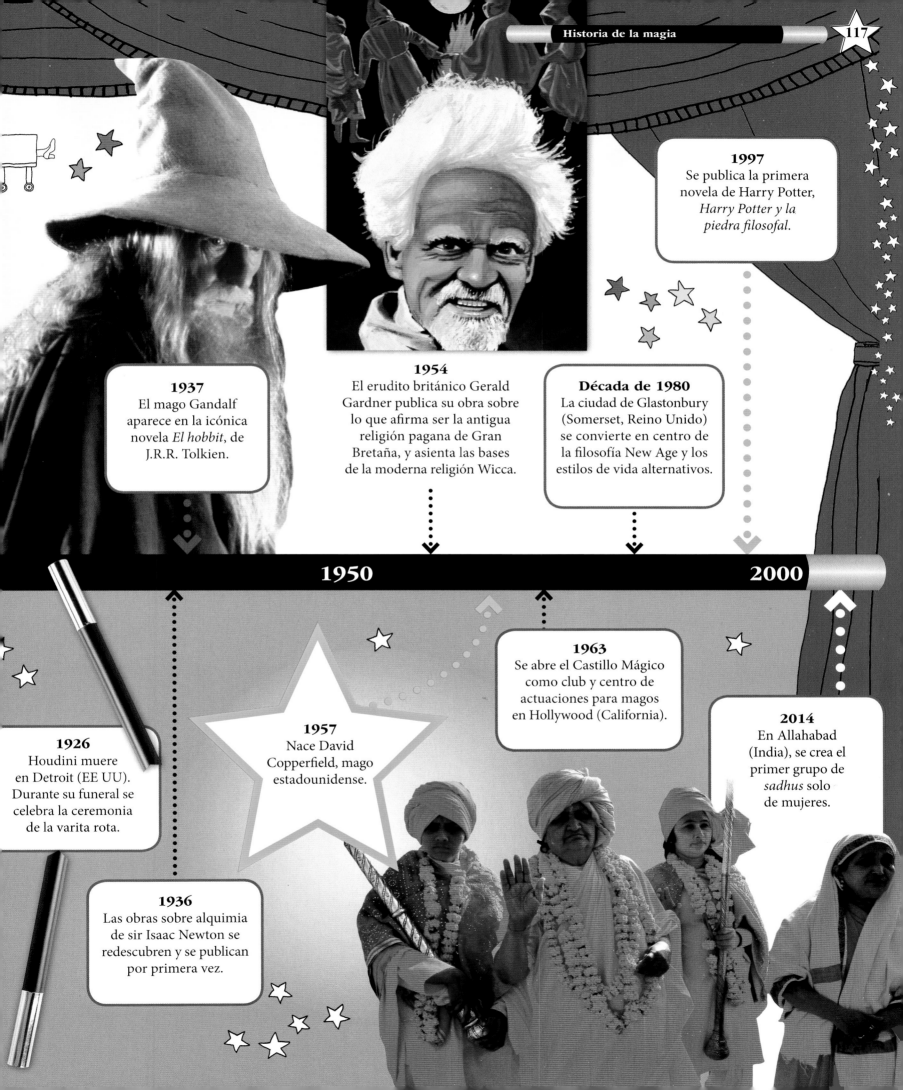

1997
Se publica la primera novela de Harry Potter, *Harry Potter y la piedra filosofal*.

1937
El mago Gandalf aparece en la icónica novela *El hobbit*, de J.R.R. Tolkien.

1954
El erudito británico Gerald Gardner publica su obra sobre lo que afirma ser la antigua religión pagana de Gran Bretaña, y asienta las bases de la moderna religión Wicca.

Década de 1980
La ciudad de Glastonbury (Somerset, Reino Unido) se convierte en centro de la filosofía New Age y los estilos de vida alternativos.

1950

2000

1963
Se abre el Castillo Mágico como club y centro de actuaciones para magos en Hollywood (California).

1957
Nace David Copperfield, mago estadounidense.

2014
En Allahabad (India), se crea el primer grupo de *sadhus* solo de mujeres.

1926
Houdini muere en Detroit (EE UU). Durante su funeral se celebra la ceremonia de la varita rota.

1936
Las obras sobre alquimia de sir Isaac Newton se redescubren y se publican por primera vez.

HABILIDADES OCULTAS

DE UN BUEN MAGO

Aprender magia puede resultar muy gratificante. Además de trucos graciosos y entretenidos, la magia enseña disciplina y coordinación mano-ojo, entre otras cosas. Pero no es fácil, y existen una serie de habilidades ocultas que todo mago precisa si quiere dejar huella.

NECESITARÁS

SEGURIDAD

Conviene no descuidar el aspecto «teatral» de un espectáculo de magia. Ya que, si el ilusionista no se siente cómodo y seguro mientras realiza sus trucos, no logrará conectar con la audiencia. Un buen mago dedica tanto tiempo al **entretenimiento de sus números** como a perfeccionar los trucos.

DEDICACIÓN

Quizá la habilidad más importante de un mago sea la dedicación: incluso las técnicas más simples requieren mucha práctica. ¡De hecho, los grandes ilusionistas pueden **pasarse toda la vida** trabajando en un truco hasta perfeccionarlo!

PACIENCIA

Un mago impaciente se verá tentado de realizar un truco antes de perfeccionarlo. En cambio, uno más hábil practicará hasta que casi sea capaz de hacerlo **sin pensar**. Recuerda que solo tienes una oportunidad para impresionar a alguien con tu número; debes tener claro en qué momento estás preparado.

SENTIDO DEL RITMO

Una cosa es aprender trucos, pero se tarda un tiempo en poder llevar a cabo varios sin preparar el siguiente. Los mejores magos aprenden a ofrecer sus números de una manera **muy fluida**. Por ejemplo, si en un truco predicen el naipe de un miembro del público, en el siguiente podrían usar ese mismo naipe para otra cosa.

GANAS DE APRENDER

Un buen mago jamás decide que ya ha aprendido todo lo que tiene que saber. Los mejores siempre están buscando cómo **perfeccionar su actuación**: de lo último en accesorios a nuevas e interesantes técnicas. Al igual que cualquier otra habilidad, la obra del maestro no deja de desarrollarse nunca.

CREATIVIDAD

Lo que distingue a un buen mago de uno extraordinario es la creatividad. Cuando el ilusionista ya se sabe unos cuantos trucos y los puede ofrecer en un espectáculo impresionante, tiene que encontrar un estilo propio **que le haga destacar**. La creatividad es el sello del verdadero maestro.

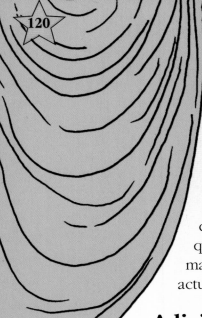

GLOSARIO

Accesorio
Todo tipo de objeto o pieza de un equipo que utilice un mago durante su actuación.

Adivinación
Capacidad de predecir el futuro.

Alquimia
Estudios de química medievales cuyo objetivo era transformar las propiedades de un material, como convertir varios metales en oro.

Astrología
Estudio del movimiento de las estrellas y los planetas para ver cómo influyen en nuestras vidas.

Baraja de naipes
Paquete estándar de naipes, que contiene 52 cartas y, normalmente, 2 comodines.

Barajar
Reordenar los naipes que forman una baraja.

Brujería
Práctica de usar conjuros mágicos o comunicarse con los espíritus.

Brujo
Persona que practica la brujería.

Conjuro
Serie de palabras concebidas para desencadenar poderes sobrenaturales.

Cortar
Método para dividir una baraja de naipes, a menudo por la mitad, sin reordenarlas.

Desaparición
Efecto de hacer que un objeto o bien una persona desaparezcan de la vista.

Desvanecerse
Sinónimo de «desaparecer».

Distracción
Conjunto de habilidades con las que un mago desvía la atención del público hacia otro punto, mientras él efectúa un movimiento secreto.

Efecto
Resultado que se pretende con un truco de magia. Lo que el público cree estar viendo que ocurre.

Escapismo
Actuación que consiste en escapar de dispositivos de sujeción como cuerdas o esposas.

Futuro
Acontecimientos no sucedidos todavía.

Hechicería
Práctica de emplear conjuros mágicos.

I Ching
Antigua práctica china para predecir el futuro.

Ilusión
Fenómeno que parece real aunque en realidad no lo es. La expresión «grandes ilusiones» hace referencia a todo truco de gran formato.

Ilusionista
Sinónimo de «mago».

Juego de manos
Conjunto de gestos hábiles y secretos con los que un mago esconde lo que está haciendo en realidad; así puede completar su truco.

Labia
Lo que cuenta un mago durante su actuación. Aunque varía en función de los ilusionistas, acostumbra a ser una mezcla de historias, bromas o chistes y preguntas.

Levitación
Capacidad de algo o alguien para desafiar las leyes de la gravedad, flotando o volando.

Magia
Arte de entretener a un público simulando utilizar distintas fuerzas sobrenaturales.

Magia callejera

Trucos realizados en la calle, que suelen depender de las habilidades del mago con los objetos pequeños.

Magia escénica

Serie de trucos pensados para realizar ante un público amplio.

Mago

Persona que realiza trucos o ilusiones de magia con el objetivo de entretener a un público.

Manipular la baraja

Disponer una baraja de naipes con un orden concreto para modificar el resultado de un truco.

Materialización

Efecto de hacer que un objeto o bien una persona aparezcan de la nada por arte de magia.

Mentalista

Artista especializado en fingir que sabe leer las mentes y predecir el futuro.

Misticismo

Creencia religiosa o espiritual de que la sabiduría solo se alcanza por medio de la plegaria o del pensamiento profundo.

Número

Truco o serie de trucos e ilusiones ofrecidos por un ilusionista.

Ocultismo

Conocimientos y prácticas de cuanto se considera sobrenatural o místico.

Pañuelo

Accesorio de muchos trucos, que suele ser de seda por su fluido movimiento.

Piedra filosofal

Sustancia alquímica de la que se cree que se usó para convertir metales en oro y lograr la vida eterna.

Predicción

Intento de establecer el desenlace de un hecho antes de que tenga lugar.

Prestidigitación

Cualquier truco de magia realizado exclusivamente con las manos.

Profecía

Predicción sobre el futuro realizada por medios espirituales o religiosos.

Repartir

Tomar los naipes de la parte superior de la baraja y disponerlos sobre la mesa o dárselos a varias personas.

Restitución

Efecto de restablecer un objeto roto como parte de un truco de magia.

Ritual

Ceremonia religiosa o espiritual integrada por una serie de actos en un orden determinado.

Suspensión

Efecto de mantener un objeto o persona flotando en el aire; no se levanta ni cae por sí mismo, como pasa en la levitación.

Teletransportación

Efecto de desplazar un objeto hasta un lugar diferente de un modo en apariencia imposible.

Transformación

Efecto de convertir uno o más objetos en otra cosa.

Transposición

Efecto similar a la teletransportación, pero en el que intervienen dos o más objetos, que intercambian sus posiciones.

Truco

Acción realizada por un mago con el objetivo de entretener a un público.

Varita

Palo pequeño que permite canalizar la energía del mago para conseguir hacer magia. También se acostumbra a utilizar para la distracción.

Voluntario

Persona del público que se ofrece para participar en un truco; no es el ayudante.

ÍNDICE